やってみよう！ピア・サポート

ひと目でポイントがわかるピア・サポート実践集

企画／日本ピア・サポート学会
編著／春日井 敏之　西山 久子　森川 澄男　栗原 慎二　高野 利雄

ほんの森出版

日本ピア・サポート学会創立10周年記念
『やってみよう！ ピア・サポート』の刊行に寄せて

　日本の学校教育におけるピア・サポートの組織的な取り組みは、日本学校教育相談学会の海外研修（スクールカウンセリング研修）での学びからスタートしました。

　アメリカやカナダの学校視察では、子どもたちの生き生きした活動に触発されましたが、日本の学校でもこれらの活動に近い実践が行われております。学校教育相談の予防的・開発的な観点から、日本の学校教育に合うように改良を重ね、日本学校教育相談学会の研修を活用しながら、ピア・サポートプログラムの普及に乗り出しました。

　平成14年12月、日本学校教育相談学会の有志によって「日本ピア・サポート研究会」が発足し、平成18年秋の水上大会で「日本ピア・サポート学会」に改称し、日本学術団体の「協力学術団体」に認定されました。そして創立10周年を迎えることになりました。

　この間、大勢の仲間の実践が全国各地で広がる一方、カナダのトレバー・コール博士、デビッド・ブラウン教授、イギリスのヘレン・カウイ博士、香港教育省の生徒指導部門主席調査官ブライアン・リー先生など、世界のピア・サポート指導者との交流を深め、日本の学校教育の中に確実に根を張る成果を生み出してまいりました。特に諸外国の先生方を学会活動に結びつけてくださった、バーンズ亀山静子先生（ニューヨーク州公認スクール・サイコロジスト）のお力添えも特筆されるものがありました。

　本書は、この10年間の実践の成果をまとめ、「今までの活動を整理する」とともに「これからピア・サポートを始める人々の実践に寄与し、指針となる」実践集となることを目指したものです。西山久子先生と春日井敏之先生を中心に10周年記念実践集編集委員会を設立し取り組みました。日本ピア・サポート学会の会員から多数のご応募をいただいたものの中から12編の実践と18本のコラムを厳選し、刊行の運びとなりました。12編の実践には、ひと目で実践のポイントがわかるよう、コメントをつけて便宜をはかりました。

　お忙しい学校現場の生活の中で、多くの皆さんから多数のご応募をいただきましたことに、心から御礼申し上げます。また、超多忙なスケジュールの中で、編集の作業にあたられた西山久子先生、春日井敏之先生をはじめ、実践へのコメントや日本ピア・サポート学会の活動の紹介をご執筆くださった皆さんにも心から感謝申し上げます。

　厳しい出版事情の中、ピア・サポートの活動に温かいご理解をいただき、応援していただき、今回も出版を引き受けていただいた「ほんの森出版」の兼弘陽子社長、小林敏史氏に御礼申し上げます。

　この「実践集」が、学校の活性化と子どもたちのたくましく豊かな成長に大いに役立つことを期待し、刊行の言葉といたします。

平成23年9月

日本ピア・サポート学会会長　育英短期大学教授　**森川　澄男**

海外からのメッセージ

　私は、世界中のさまざまな国の、多くの先生方、カウンセラーの皆さん、そして子どもたちと活動することができ、とても幸せに思っています。

　子どもたちは、「学校に行くのに重要なことは何か？」と問われると、ほとんど間違いなく「社会生活」と「友人関係」を挙げます。私は子どもたちとかかわる経験から、数多くのこと、特に「友情や思いやりの本質」を何度も繰り返し教えられました。私たちがどの国、どの文化に属しているかにかかわらず、「友情」は子どもたちにとって最も重要な関心事項です。ピア・サポートは、学校において子どもたちの間にすでに存在する友情関係を活用する活動なのです。

　ピア・サポートプログラムの多様なあり方を学ぶことで、子どもたちの学校における成長と発達を促進し、彼らがより大きな成功をおさめることを推進することができるのです。

　この重要な書籍の発刊にあたり、メッセージを寄せる機会をいただくことができ、大変光栄に存じます。

トレバー・コール（博士）
Continuous Learning Curve

　ピア・サポートの推進を進めて10周年の節目を迎えられることに、心からお祝い申し上げます。活発な会員の方々の熱心な活動なくしては、どんなに素晴らしいプログラムも続いていくことは困難です。それを考えると、皆様のこの10年の成果には目を見張るものがあります。

　私はこの過程にかかわらせていただいたことを大変光栄に思います。これまで日本にお邪魔するたびに、研究大会や研修会を企画されている方々、そして参加されている方々の熱意とモチベーションを間近に拝見することが、とても楽しみでした。また、バンクーバーやビクトリアでの研修では、日本のピア・サポート活動に長くかかわってこられた方々や新しく加わられた方々と出会うことができ、特別な思い出となっています。

　ピア・サポートのモデルは、「学習」「社会性」「情動」が統合された学びを推進する研究に指針を与える、貴重な活動です。とりわけ、「社会性」と「情動」についての学びは、多忙な学級での日常のさまざまな出来事の中で、しばしば見過ごされてきました。私はいつも「もし感情がもたらされれば、必ず認知が起きるものである」というこの言葉を思い出すのです。ピア・サポートは、「社会性」と「情動」の学習をつなぎ、子どもたちを援助することにおいて、この重要な要素を実践する１つの方法です。この本が貴重な参考資料であり、次の10年間のための道しるべとなることでしょう。

　心をこめて。

デビッド・ブラウン
Graduate Studies-Education, City University (Canada)

　『やってみよう！ピア・サポート』の発刊にあたり、心からお祝いを申し上げます。

　この実践集の発刊は、日本ピア・サポート学会の10周年にもあたり、素晴らしいお祝いが重なることになりました。この10年間、研究者と教育者、医療の専門家や心理学者、カウンセラーたちが共に学校でのさまざまな実践を発展させるよう活動してきた成果の表れと言えるでしょう。子どもたちや若者たちが学校風土をより良くしたり、学校生活のさまざまな場面で日常的に起こる人間関係の問題に取り組んだりするために行動を起こすことを支える活動の一端を担えるとは、何と素晴らしい成果でしょう。

　この本は多様で多くの領域のピア・サポートの実践の記録となり、また、ピア・サポー

トの実践において創造的な方法を示してくれるものです。私はこの本が、日本の学校においてピア・サポート活動を広めることに大きく役立つよう願っています。
　心をこめて。

ヘレン・カウイ（博士）
Professor Faculty of Health and Medical Sciences, University of Surrey

---

　日本ピア・サポート学会の皆様が10周年を迎えられ、記念の書籍を発刊されるにあたり、心からお祝いを申し上げます。

　私はピア・サポートの研究や推進において会員の皆様から多くのことを学び、共有する機会を得て参りました。日本でも中国でも、長い間、家族や地域の中で「ピア・サポート」が行われ、学校でもそれが受け継がれてきています。香港で言えば、ピア・サポートプログラムに対して、行政と学校管理職によるサポートがなされています。例えば、ピア・サポートは温かい学校風土をつくるため、施策や組織（ガイダンス・チームのような）のもとに置かれています。

　ビッグ・ブラザー＆ビッグ・シスター（訳注：ここでは「上級生による下級生支援」の意）活動は、子どもたちのサポート活動の共通した主要な部分をなしています。学校でのいじめ問題に対処するため、ピア・メディエーションを学校が企画運営するのを援助するプログラムもあります。多くの場合、サポート活動をする子どもたちは、他を尊重し、健康な生活習慣を持つといった、前向きな価値観、態度、ライフスキルの向上のために、学生大使として募集され、訓練を受けます。資金面や施設面の資源が、これらのプログラムに提供されています。教師の仕事は、ピア・サポートプログラムに参加する子どもたちを支え監督することです。

　香港と同様に、日本ピア・サポート学会のリーダーシップにより、日本の子どもたちの健康で全人的な発達のため、ピア・サポートが発展し続けることを強く信じています

ブライアン・ＳＦ・リー
香港特別行政区 教育省生徒指導部門主席調査官

　日本ピア・サポート学会創設10周年、おめでとうございます。

　まだ日本の学校現場で「ピア・サポート」などというカタカナ言葉が語られることがなかった90年代（前世紀ですね！）から始まった皆さんの活動。研究会から学会へ成長し、今では何百人もの会員を持つ大きな会へと発展してきました。サイズだけではありません。広がりの範囲も、国内では北海道から沖縄まで、そして海外はカナダ、英国、香港、米国といくつもの大陸にわたっています。現場での実践活動だけでなく、研究活動もさかんで、いくつもの書籍発行もされてきました。

　21世紀の教育は、「みんなちがってみんないい」を実現する教育です。従来の教師による一斉指導だけでは個々のニーズや違いに対応できないのは明らかです。個々の特性が理解され、大切にされる環境づくりは、教師一人ではできません。子どもたちが自分の学びに主体性を持ち、その環境づくりに参加しなくてはなりません。ピア・サポートはその実現のかなめとなるのです。

　これからも皆さんが子どもたちへのよきロールモデルとなり、学校現場をますます充実したものにしてください。ニューヨークからエールをおくります。

バーンズ亀山静子
ニューヨーク州公認スクール・サイコロジスト

CONTENTS

やってみよう！ ピア・サポート

日本ピア・サポート学会創立10周年記念
『やってみよう！ ピア・サポート』の刊行に寄せて　　　　　　　　　森川澄男　3

海外からのメッセージ　　　トレバー・コール　デビッド・ブラウン　ヘレン・カウイ　4
　　　　　　　　　　　　　　　　　ブライアン・ＳＦ・リー　バーンズ亀山静子　5

第1章　小学校のピア・サポート実践

「なんとかせんとあかんで。あの子たち」学年で取り組んだピア・サポート
　　　　　　　　　　　　　　　　　　　　三田恵子　コメント：梅川康治　8
小学校卒業後、自力でピア・サポート活動を続けていた子どもたち
　　　　　　　　　　　　　　　　　　　　三原正司　コメント：栗原慎二　16
コラム　これから就学してくる子へのサポート活動を通して　　　高橋宏一　24
　　　　支援が必要な児童がいる学級でのピア・サポート　　　　三枝由佳里　25

第2章　中学校のピア・サポート実践

「荒れ」の中、学校全体で取り組んだピア・サポートプログラム
　　二葉中学校3年間の取り組みを通して　　　高橋哲也　コメント：春日井敏之　26
「リトルティーチャー」によるピア・サポート活動　　林　剛史　コメント：菱田準子　34
コラム　新任校でピア・サポートを導入するために　　　　　　　久保田みどり　41
　　　　縦割り総合学習でのピア・サポート活動　　　　　　　　井上重美　42
　　　　教え合い、独りぼっちのいない学校をめざして　　　　　小林勝則　43
　　　　ピア・サポート・トレーニングプログラムを活かした学級づくりと個別支援　川畑惠子　44
　　　　不登校の予防策にピア・サポートを　　　　　　　　　　島田直子　45

第3章　高校のピア・サポート実践

必修の授業と希望者向けの2つのプログラムで学校全体の取り組みに！
　　　　　　　　　　　　　　　　　　　　萬田久美子　コメント：菱田準子　46
養護教諭が行うピア・サポートプログラムの実践　　近藤充代　コメント：西山久子　54
コラム　不登校の経験がプラスになるとき　　　　　　　　　　　瀬戸隆博　62
　　　　進学校におけるピア・サポート活動の継続　忙しくても続けていくために仕掛けていくこと
　　　　　　　　　　　　　　　　　　　　　　　　　　　　　　大西由美　63
　　　　ピア・サポートの教育課程への導入の可能性　高校での選択授業「ピア・サポート」の取り組み
　　　　　　　　　　　　　　　　　　　　　　　　　　　　　　西山久子　64

第4章　大学のピア・サポート実践

ピア・コミュニティの活動で「学生が学生を支援する」学生文化の構築を
　　　　　　　　　　　　　　　　　　　　早川亮馬　コメント：森川澄男　66

学びのコミュニティとピア・サポート活動　新入生支援、障害学生支援
　　　　　　　　　　　　　　　　　　　　　　春日井敏之　コメント：中村孝太郎　74
コラム　発達障害が疑われる幼稚園児に対する大学生のピア・サポート活動の実践事例
　　　　　　絵本を媒介にしたピア・サポートプログラムの効果　　　　増田梨花　82

第5章　教育行政のピア・サポート実践

学校、行政、大学一体化プロジェクトに位置づけられたピア・サポート
　　　　　　　　　　　　　　　　　　　　　　池本しおり　コメント：栗原慎二　84
大学教員と指導主事が支える新任教員のピア・メディエーション実践
　　　　　　　　　　　　　　　　　　　　　　竹内和雄　コメント：池島徳大　92
コラム　ピア・サポート活動、ことはじめ　高知県の場合　　　　　　池　雅之　101

第6章　スクールカウンセラー・地域のピア・サポート実践

いじめ予防の5年にわたる継続的ピア・サポート活動　伊藤洋子　コメント：栗原慎二　102
心の手をつなごう　高崎市中央公民館ピア・サポーター養成講座から
　　　　　　　　　　　　　　　　　　　森川澄男　中原國子　コメント：高野利雄　110
コラム　スクールカウンセラーがかかわるリーダー生徒対象のピア・サポート活動　市川　諭　118
　　　　誰でもどこでもピア・サポート、希望者から全生徒へ　　　　中原國子　119
　　　　ピア・サポートをＰＴＡ組織の中に　先生・保護者・子どもをつなぎ学校力を高める
　　　　　　　　　　　　　　　　　　　　　　　　　　　　　　　　本多利子　120
　　　　非常勤相談員としてピア・サポート活動支援にかかわって　　神谷文子　121
　　　　医療におけるピア・サポート　その経緯と札幌太田病院での実践報告
　　　　　　　　　　　　　　　　　根本忠典　小田島早苗　菊地俊一　太田耕平　122
　　　　公民館におけるピア・サポート活動　　　　　　　　大竹孝光　霍田丸子　123

第7章　世界と日本のピア・サポートの動向

海外におけるピア・サポート　　　　　　　　　　　　　　　　　　西山久子　124
ピア・サポートを中心とする海外研修の意義　　　　　　　　　　　中村孝太郎　126
ピア・サポートプログラムを実践する指導者の養成と資格　　　　　菱田準子　127
ピア・サポートにかかわる研究の現状と展望　　　　　　　　　　　栗原慎二　129
ピア・サポートの実践上の位置づけ　　　　　　　　　　　　　　　高野利雄　131
日本ピア・サポート学会への入会について　　　　　　　　　　　　懸川武史　132

編集後記　「お互いにつながって生きる」こととピア・サポート　　春日井敏之　133

執筆者一覧　134

第1章 小学校のピア・サポート実践

「なんとかせんとあかんで。あの子たち」
学年で取り組んだピア・サポート

三田恵子 　大阪府堺市立御池台小学校教諭
コメント：梅川康治 　堺市教育センター教育相談グループ長（指導主事）

【キーワード】学校の事情に合わせての発足／チームで取り組む効果／「もっとサポートをしたい」という声／いじめの問題に取り組んで

1　ピア・サポートとの偶然の出会い

　教師になり三十数年たちました。世の中の変化に伴い、子どもたちの置かれている環境も大きく変化しました。地域社会、家庭同士の関係が希薄になり、子どもたちの関係も希薄になってきています。子どもたち一人一人が抱える事情も様々です。私の勤めていた学校にも実に様々な事情を抱える子どもたちが通ってきており、たくさんの問題が起こり、教師が日々奮闘するという学校でした。

　そんなとき、書籍を通してピア・サポートに偶然出会いました。それ以来、ピア・サポートを学年集団づくりに取り入れた実践を続けています。ここでは、5年生でピア・サポートを初めて導入し、6年生でも継続したときの実践を報告したいと思います。

　始業式が終わって数日がたったとき、「なんとかせんとあかんで。あの子たち」という言葉から学年集団づくりが始まりました。子どもたちは初日から落ち着きがなく、「間違った仲間関係」（腕力による上下関係で構成された仲間関係）の子どもたちや、それを見ているだけで仕返しを恐れて注意しようとしない子どもたちを、どうにかしようと話し合いました。

　私たちはそのような状況を打開するのに役立ちそうな本を集め、持ち寄りました。その中で出会った1冊の本。それが、菱田準子氏の『すぐ始められる ピア・サポート指導案＆シート集』（森川澄男監修、ほんの森出版）です。「仲間が仲間を支える」という言葉に私たちは惹かれ、「これだ！」と経験も知識もなく飛びついたのでした。

　みんなで本を読み、何とか始めたものの、うまくはいきません。そこで、教育委員会に問い合わせると、ピア・サ

◀ここが実践のポイント！

　指導がうまくいかないと「子どものわがまま？」などと、「子ども自身が問題」ととらえがちです。

　そうではなく、子どもの持っている肯定的な側面（子どものよさ）を大切にしながら、「子どもたち一人一人が抱えている事情」に思いを寄せ、子どもと教師集団で一緒に解決していこうという姿勢が実践のスタートになっています。

　実践を始めるにあたり、基本的なスタンスとして大切にしたいところです。

◀ここが実践のポイント！

　本や人材をうまく活用しています。特に、すでに実践している人から学ぶことは、効率よくポイントが理解できて、失敗の不安が減ります。

ポートの資格を持った指導主事がいました。さっそく学校に来ていただき、自分たち教師集団の取り組みやトレーニングを実際に見ていただきました。そして、基本的な考え方を教えてもらい、学年としての取り組み方の相談に乗っていただいたのです。

　知らないということは強いもので、始めてみてやっと無謀さに気がつきました。その後はまず、大阪市で行われたピア・サポート指導者養成講座に参加し、ピア・トレーナーの資格を取り、夏休みには堺市で行われた指導者養成講座に教師集団で参加し、学年での共通意識を高めました。また、日本ピア・サポート学会の全国大会にも参加し、ピア・サポート活用の情報を得ることで、さらに勉強する必要性を感じることとなりました。

2　職員会議でピア・サポート実施計画を提案

　次に私たちがしたことは、ピア・サポートを取り入れることを職員に了承してもらうことでした。それは、総合の時間の年間計画では、5年生は「米づくり」だったためです。職員会議でピア・サポートの意義を説明し、取り組みの方法を以下の計画で実施したいということを提案し、可決されました。

【ピア・サポート実施計画】
① 総合の時間に実施する。
② 学年担任4名と学年付きの教師1名（家庭科）計5名で指導にあたる。（1名が調整役）
③ 学年の児童を混合4クラスにする。（クラスの枠をはずす）
④ 事前に指導者5名で指導の練習をして、指導の流れをつくり、時刻を合わせて指導にあたる。
⑤ 子どもにつけたい力を学年で話し合い、トレーニングを決める。（年間計画）

3　学年でピア・サポートに取り組むことの効果

　クラスの枠をはずし、それぞれ1組・2組・3組・4組から来た子どもたち男女混合4名で1グループとして構成しました。教師5名は、1名が調整役、他の4名が各クラスのリーダーとなり、毎回ローテーションしながらピア・サポートのトレーニングを重ねました。

←ここが実践のポイント！

　気をつけないと我流に陥りやすくなります。講座に参加したり、資格を得ることで、同じように実践していても、内容について理解が深まるだけでなく軌道修正ができます。さらに、学年集団など、複数の教師で学ぶと共通理解がしやすくなり目的意識が明確になります。

←ここが実践のポイント！

　職員会議で学校全体の年間計画におけるピア・サポート活動の位置づけを明確にしています。

　職員全体に、理解を得、協力の支援を得ることは、トライしてみようとする仲間を増やすことにもつながります。

←ここが実践のポイント！

　学年の教師5人のうち1人を調整役にしています。これ

調整役になると、4クラスの進行状況を見ながら、他のクラスの状況を知らせて進行をそろえたり、ビデオや写真の撮影をしました。それでも、進行状況をそろえるのは難しいことでした。そこで、もっと細部にわたり時間の計画をするようにしました。例えば、机の移動時間やアイスブレイキングにかかる時間等、こと細かく計画しました。

学年教師集団でロールプレイの練習するときは、できるだけ本気で生徒役やリーダー役をやるようにしました。わからないことだらけでしたが、本気でああでもない、こうでもないとぶつかり合いながら、時には大笑いをして、学年教師集団としてのまとまりが生まれていきました。

1つ1つのトレーニングを終えるごとに、「どんな力を子どもたちにつけていくのか」ということを教師集団で確認していきました。それにより、ピア・サポートのよさに気づき、さらに学習を深めてみたいと思うようになりました。また、トレーニングが進む中で、教師集団も自分たちのそれぞれの役割を確立していきました。

私たちの気づきは、トレーニングの中にも生かされました。ロールプレイの言葉を小学生に合うような言葉にしたり、コミュニケーションを学ぶための一方方向・双方向の図形は、少し簡単な図形にアレンジしたりと、子どもたちの実態に合わせて変えることにしました。

学年でピア・サポートに取り組むことで、子どもたちはどの先生の言うことも同じように聞き入れるようになりました。それは、学年の先生がどのクラスの出来事も共通理解していることが大きく影響していたのだと思います。すなわち、「学年のどの先生も、自分のことをよく知っているのだ」ということを子どもたち一人一人に意識づけたのです。ピア・サポートで生まれた教師集団のピア・サポート効果だと言えます。

4　5年生で取り組んだトレーニング内容

5年生で取り組んだ、ピア・サポートのトレーニングの紹介をします。

- ・ピア・サポートって何？（ガイダンス）
- ・私ってどんな人？（エゴグラム）
- ・プラスのストローク、マイナスのストローク
- ・話の聞き方

により、調整役が全クラスを巡回して状況の把握や進行の調整ができます。トラブルがあったときにも、自由に動けて素早く対応できる利点があります。学年で取り組むときに教師集団に少しでもゆとりがあることはとても大切です。

▶**ここが実践のポイント！**

ロールプレイで子ども役をやると、「うまくワークができない」「説明がわからない」などの子どもの気持ちが少しでも感じ取れます。

また、事前の学年集団での練習が、気づかないうちに教師同士のつながりを深めるワークにもなるのです。

▶**ここが実践のポイント！**

本に紹介されていたトレーニングを使う際、言葉・図・説明などを子どもの実態に合った内容にアレンジする工夫が大切です。

▶**ここが実践のポイント！**

学年の先生が、学年の全児童とかかわるローテーション方式の利点が表れています。

◀**ここが実践のポイント！**

トレーニングプログラムは、すでに実践している学校のプログラムを参考にして、無理のないプラン作成をおすすめします。回数の少ないト

- 話の伝え方
- 対立の解消
- 私のストレス対処法
- 上手な誘いの断り方
- 個人プランニング（自分に何ができる？）
- 実践してみて……
- 終了式（ピア・サポーターになって）

　初めての取り組みで、反省点としては以下のようなことがありました。
- ピア・サポートをしての効果を確かめるということを、あまり考えていなかった。
- トレーニングをし、シェアリングをして振り返り用紙に感想を書かせたが、それをもとに教師同士でもっと話し合いの時間をとるべきだった。子どもたちの理解が十分でなかったら、繰り返しトレーニングをすべきだった。
- 「仲間のサポートをする」という本来の活動にとりかかる時期を考えすぎたのではないか。トレーニングをしながら、自然な形でピア・サポート活動に進んでいくことができたのではないか。
- 各学年の先生に参観してもらい、もっと広く理解してもらえばよかった。

5　6年生での取り組み

　6年生になり、ピア・サポートのトレーニングを積んだ子どもたちから、「もっとサポートをしたい」という声があり、サポート活動を中心に考えていくことにしました。しかし、学校内でのピア・サポート活動の認知度は、年度末の反省で報告しただけですので低いものでした。そのため、いきなり活動を広げることはできないと考えました。

　そこで、これまでにピア・サポートのトレーニングをどのように重ねてきたのか、実際のサポート活動がどのような効果があったのかということを、進級を機会に職員に報告をすることにしました。そして、6年生では、さらに必要なトレーニングを重ねること、そして、「本来の『仲間同士で支え合う』を目標に、家庭内、学校内、地域での活動も視野に入れた活動を展開していきたいので、先生方にも協力していただきたい」とお願いすることにしました。

　6年生の活動計画は、次のとおりです。

レーニングプランでもかまいません。

←ここが実践のポイント！
　実践後の効果を具体的に測定し、次の実践に活用することは大切です。

←ここが実践のポイント！
　予定したプログラムを不完全にこなすよりも、時間調整ができるならば、理解が深まるように繰り返し実施したいものです。

←ここが実践のポイント！
　他の学年教師に見てもらうことで、違った視点でのとらえ方による新たな気づきが生まれることがあります。また、「私たちにもできそう」と実践者を増やす機会にもなります。それは、実践している学年集団の意欲をさらに高めることにもつながります。

←ここが実践のポイント！
　トレーニングを受けた後のサポート活動は、他学年の認知や理解が低いと効果が薄くなります。
　サポート活動は、「できる人が」「できることを」「できるところから」始めることが

> ・私ってどんな人？（エゴグラム）3回
> ・おいしい言葉（プラスのストローク）
> ・対立の解消（けんかの仲裁）
> ・番外編　いじめについて考えよう①
> 　　　　　いじめについて考えよう②
> ・私に何ができる？　サポート活動（家族に）
> ・私に何ができる？　サポート活動（学校で）
> ・終了式（中学生になったら……）

　そして、6年生では以下のことにも気をつけるようにしました。
・5年生で十分な理解を得られなかったトレーニングについて再度指導する。
・4月の時点のガイダンスから、学校内の先生方にも見てもらえるよう紹介した。子どもたちがサポートできることがあれば要請してもらう。
・エゴグラムを学期ごとにとって、その変化を見るようにした。
・生活アンケートなどをとるようにした。
・「ちょこっとサポート隊」を発足させ、学年の中だけでなく、学校中にピア・サポート活動を広める活動をした。

6　子どもたちが実践したサポート活動

　まず最初は、家族にサポート活動するということを始めました。これまでにトレーニングしてきた、どのスキルを使っているのかを意識しながらサポートするということ、1週間の取り組みをプリントに記すことを課題にしました。
①これまでにトレーニングしたスキルのうち、話の聞き方・話の伝え方・上手な誘いの断り方・仲裁の仕方など、どのスキルを使ったかを記す。
②いつ・どこで・だれに・どんなサポートをしたのかを記す。
　このようなことから取り組みを始めたのですが、家庭にも評判がよく、1週間で終わらず2週間3週間と続いた子もいました。
　その後、学校内でのピア・サポート活動を始めました。子どもたちが実践したサポートが以下のものです。
・気持ちのよいあいさつ

ポイントです。ここでは、「トレーニングを受けることによって自分のできることに気づいた子どもたちが」「生活アンケートや先生方からの要請や子どもたち自身が考えたサポート内容を」「学年内や学校内や家庭から」始めています。

　さらに、サポート活動を受ける側に周知することで、子どもたちのサポート活動が明確になり、実を結ぶことにつながります。

←ここが実践のポイント！
　「ちょこっと」が、サポートするほうも受けるほうも、気軽にします。

←ここが実践のポイント！
　漠然と実践させるのではなく、どのスキルを使うかを意識させています。状況に合わせたスキルの使い分けのスキルアップにつながります。さらに、活動の対象・場所・期間など、範囲を限定することで、集中して取り組んだり意欲の持続がしやすくなっています。

←ここが実践のポイント！
　家族にすることで、反応がわかりやすく、好意的に受け止めてくれることが多いので、

- 友達への「おいしい言葉」
- はがれたポスターを直す
- ゴミを拾う
- 友達の相談にのる
- 見守ってあげる
- 雨にぬれている犬を軒下に入れてあげる
- 困っている友達へのサポート
- 友達の悩みの相談
- 車椅子を押してあげる
- 泣いている1年生のお世話
- けがをした下級生のお世話
- けんかをしている下級生の仲裁
- 学校に来づらい子へのサポート（声かけ、連絡帳、遊びに行く、迎えに行く）
- 1年生へのサポート（スポーツテストの補助・掃除の指導）
- 先生方のお手伝い

などなどでした。サポートとレスキューの違いが難しいところもありますが、嬉々として取り組む姿が温かさとなって、学校中に広がり始めました。やり方がわかれば継続していけばよいので、プリントに記す課題はやめ、自然にサポート活動ができることを目標に、ピア（仲間）・サポート（支援する）を見守ることにしました。

一方では、5年生のときと同様、トレーニングも継続しました。振り返り用紙には、人の役に立つことで少しずつ自尊感情の高まりが感じられる感想も出てくるようになりました。大きな効果ではありませんが、人に対する優しさや、助けるときのタイミングなど、じんわりとその効果が伝わってきました。また、学級内が落ち着いたり、物事に対する取り組み方が意欲的になるなどの変化が見られました。数字では表すことはできませんでしたが、学年集団の落ち着きを望んでいた私たちの目標に、少しずつですが近づいていきました。

7　いじめの問題に取り組んで

本稿の最初でふれた、子どもたちの抱えていた「間違った仲間関係」で大きな問題が起こったのは、6年生になってからのことでした。

失敗の不安が減り、自信を深め、意欲が高まることにもつながっています。

←ここが実践のポイント!

実に様々なサポートの実践例です。子どもたちが自分に合ったやりやすいものを考えて取り組んでいることがわかります。

してあげたいサポートが、相手にとってさしでがましい指図になることがあります。教師としては、「相手のニーズに合っているか」の確認を忘れないように心がけたいものです。

←ここが実践のポイント!

子どもたちに実践力がつき始めたら、教師からの働きかけをフェードアウト（徐々に減らしていくこと）しています。

「指示されてする」から「指示がなくても自分で考えてする」ようにしています。子どもの自立を考慮した実践です。

フェードアウトする内容やタイミングは、日ごろから子どもたちを観察している学年集団だからこそできることです。

問題は、あるクラスの遊び方から発生しました。学校内での上下関係（けんかが強いかどうかで決まる）が学校から帰ってからも続くのでした。遊び道具を持っていく、おやつを持っていく、片づけるなどは、命令される側の子どもが一手に引き受けるようでした。保護者からの「お金の遣い方が気になる」という話から、全貌が明らかになっていきました。しかし、誰からの命令なのかが、なかなかわからなかったのです。これは、あとで仕返しを受けることを恐れていた子どもたちが黙っていたからでした。

　私たち学年集団は、1冊のノートに聞き取ったことを書き出し、2人組でほぼ毎日交代して、話の聞き取りを続けました。1冊のノートが学年集団をつなげてくれました。

　ピア・サポートのトレーニングの中で「ほんとの友達いるかな？」と投げかけ、その話から少しずつほころびを探し、子どもたちの事情を知ることになりました。真実を言うことが本当に難しいのだということを強く感じました。

　そして、次のピア・サポートのトレーニングの時間に、教師たちでいじめの寸劇をすることにしました。

　いじめの寸劇を見たあと、学年の子どもたち全員で、「いじめをした側の気持ち」になって考えさせました。いじめをしていることを打ち明けて書いた3名の子が「どうしていいのかわかりません」と書いており、いじめをする側・される側、どちらも苦しんでいたのだということもわかりました。

　その後、「先生たちの寸劇の続きを考えてみよう」と投げかけました。ある子は「いじめはだめだと言えるといい」、ある子は「仲間と一緒に、いじめはだめだと言えるといい」、ある子は「先生を呼びに行く」と答えました。

　次の日にまた、ピア・サポートの続きの寸劇をすることになりました。子どもたちが考えたサポートの方法で、子どもたちが続きの寸劇をして見せてくれました。子どもたちの心に少しでも「いじめはいけない」ということが意識づけられ、勇気を持つことにつながればいいと願いました。

　一方で、聞き取りも続けていました。真実を言えない子どもを、周りの子どもたちが支えてくれて言える環境が整うと、やっと真実を語ることができました。ノートが2冊目になるころ、「間違った仲間関係」も全部解消することと

←ここが実践のポイント！

　いじめの寸劇は、言葉の指導ではイメージしにくい子どもたちにとって、よりリアルに理解しやすくなっているようです。

　さらに「いじめる側の気持ち」を考えさせることで、いじめは、誰でも被害者にも加害者にもなることや、いろいろな立場の気持ちを考えさせています。

　また、「どうしたら解決できるのか」を子どもたちに考えさせ、サポート活動として寸劇をすることで、より子どもたちが自分のこととして考えるよう促しています。

　いじめ問題の解決のヒントとなる新たなサポート活動の実践と言えます。

なりました。

「間違った仲間関係」は、いじめられている子を支えてくれる友達がいて、いじめられていることを言える環境があって、いじめを許さない周りの子どもたちがいて、初めて解消できました。

こうして学年教師がチームで取り組んだピア・サポート活動は、子どもたちの卒業で幕を閉じました。一生懸命取り組むことで思わぬ産物（学年教師の関係がとてもよくなるなど）が生まれたことも付け足しておきます。これもピア・サポート効果なのでしょう。

また、どんな困難な場面でも、子どもたちとじっくり向き合い、問題解決までたどりつくと、「子どもが持っている本質は変わらないのでは」と改めて強く感じました。

> **まとめのコメント**
>
> 　この実践の特徴は、5人の学年集団が一貫してチームとして取り組んでいるところです。チームで考え、ロールプレイによるチームでの練習、子どもの実状に合ったプログラム変更など、様々な工夫をして実践し、振り返りを丁寧にしています。学年集団がお互いにサポートし合うことで、チームの関係が徐々に深まる効果を生んでいます。また、全クラスを解体して混合の新クラスをつくり、ローテーションで指導する方法は、学級の壁を越えた、先生と子どもたちとの関係づくりに大いに役立っています。さらに、いじめ問題について、寸劇を活用してサポート活動として取り組ませたことも大きな効果を生んでいます。
>
> 　斬新なアイデアと細やかな配慮があるピア・サポート活動の実践例として、この取り組みが広く参考にされることを望みます。

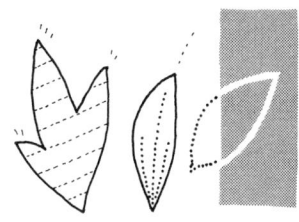

小学校卒業後、自力でピア・サポート活動を続けていた子どもたち

三原正司 広島県福山市立緑丘小学校教諭　　コメント：栗原慎二 広島大学大学院教授

【キーワード】ピア・サポート活動の原点／ピア・サポート活動の枠と受け皿／
ピア・サポート活動の可能性／無力さと無限の可能性／場と機会（スキル）

1　私のピア・サポート活動の原点

「先生の、ピア・サポート活動の原点はなんですか」と尋ねられることが、最近よくあります。そんなとき、私は決まって次のように答えています。

「『自分の無力さを知ること』と『自分の無限の可能性を信じること』、そこから私のピア・サポート活動は始まっています」

「自分の無力さを知ること」と「自分の無限の可能性を信じること」の2つは、一見相反していることのようですが、実は意外と近い関係にあると考えています。

最近の子どもたちに目を向けてみると、まだ幼い小学生でありながら、大人社会の縮図のような世界に押し込められています。息苦しさを感じながらも、毎日なんとか過ごしている多くの子どもたち。そして、そんなギリギリの状況の子どもたちに対して、表面的なところだけ見て「問題なし」と判断してしまう大人たち。そういう大人たちの中に、私もどっぷり浸かっていました。

そんな私が変化する転機となったのが、ある不登校の女の子との出会いです。私はその児童とかかわる中で、「なにもできない自分を受け入れる」ことを学びました。しかし、教師である私が「自分にはなにもできない」と認めるわけですから、その当時は、教師という職務を放棄するような感じがして、「それでよいのか」とずいぶんと悩みました。しかし結果的には、「なにもできない自分を受け入れる」ことで、「なにかしら可能性を秘めた新しい自分を見つける」ことができたのです。

この思いがさらに高まり、確信へと導いてくれた、ピア・サポート活動での出来事があります。ここでは、その出来事の様子と、私が行ってきたピア・サポート活動の概

ここが実践のポイント

三原先生はピア・サポート活動を通じて、子どもを成長させるということだけではなく、その取り組みに真摯に向き合う中で、教師としての自己のあり方を見つめ、そのあり方を変えていくことで、さらなる進化したピア・サポート活動を生み出しています。それは三原先生のどのような姿勢や取り組みから可能になったのかということを意識しながら読んでいただきたいと思います。

要を紹介したいと思います。

2　ピア・サポート活動の「枠」と「受け皿」

　ピア・サポート活動に取り組むには、重要なことが2つあると思います。

　1つは「枠」です。枠とは時間確保のことです。スキルトレーニングをする時間、サポート活動をする時間、振り返りを持つ時間、プランニングをする時間など、要するに、これらすべてを特設の時間に集中して計画的に行うのか、教育課程に組み込んで年間を通して行うのかということです。

　もう1つは「受け皿」です。受け皿とは、子どもの実態や学校や地域、家庭といった子どもを取り巻いている地域コミュニティのニーズのことです。どういう子どもたちがいて、どのような子どもに育ってほしいと願われているのか、そのために有効資源はなにがあって、なにが足りないのか、そのための手立てはどうするのかという青写真を持つということです。

　私の実践ではピア・サポート活動のためのトレーニングを、学年の発達段階に応じた内容で無理なく指導できるように、年間10時間分を特別活動（学級会活動）の時間に位置づけて行ってきました。また、サポートする経験とサポートされる経験の両体験をさせておくことが、将来的にこの活動をつなげていくためには必要なことだと考え、クラスワイドでの活動（特定の子だけを対象とするのでなく、学級全体を対象とした活動）を当初から取り入れていきました。

　私が今まで行ってきたピア・サポート活動の概要につきましては、表1、表2をご覧ください。

表1　ピア・サポート活動の枠

> 学級会活動の主題
> **学校中、笑顔にしよう―ピア・サポートを通して―**
> 【意義】友達を知る・相手の気持ちを考えてものを頼む・相手を大切にした聴き方をする・上手に自己主張する・相手と話すコツなどの仲間能力（ピア・スキル）と、自分を知る・自分の感情に気づく・怒りのメカニズムについて学ぶ・怒りをコントロールする・自分の

←ここが実践のポイント！

　ピア・サポート活動は「学校の教育目標を達成するための方策」です。ですから学校教育目標の達成にピア・サポートがどのように貢献できるかをしっかりと考え、それを達成するための時間を教育課程にきちんと位置づけることが重要です。息の長い、学校に定着するピア・サポート活動にするには、この点は非常に重要です。

　学校教育の中で「やったほうがいい活動」はいくらでもあります。ピア・サポート活動が「やったほうがいい活動」から「やる必要のある活動」になるためには、そのコミュニティの必要（ニーズ）に応える活動であることが必須条件になります。

←ここが実践のポイント！

　三原先生の実践は、まず学級から始まりました。学校全体を視野に納めることが望ましいわけですが、学級からスタートするのも現実的な選択です。

可能性を探る・自分を危険から守るなどの個人的能力（パーソナル・スキル）を身につけることにより、教師と子ども、子ども同士が思いやりと尊敬と信頼で結ばれる関係を形成することができる。
【目的】子どもたちの個人的・社会的能力を育てることにより、子どもたち同士が助け合い支え合いながら、ともに伸びていけるようにする。

表2　ピア・サポート・トレーニング（基本型）

回	テーマ	内容
1	リレーションづくり 自己理解	・ピア・サポートについて（ガイダンス） ・エゴグラム
2	聴き方①	・姿勢や態度（FELOR） ・イメージしながら ・閉ざされた質問、開かれた質問
3	聴き方②	・ジェスチャー、非言語コミュニケーション ・一方向コミュニケーション
4	聴き方③	・オウム返し ・感情理解
5	解決方法	・問題の解決方法（AL'Sの法則）
6	断り方	・上手な断り方の3ステップ
7	守秘義務と限界	・守秘義務について ・限界設定について
8 9 10	プランニングと活動（計3回）	・個人プランニング ・カンファレンス ・スーパーバイズ

3　自分の無力さを知る

ここ数年は、既存の教育活動を、なんとかピア・サポート活動に組み込めないかという試行錯誤の繰り返しでした。その中で、私の中にいくつかの不安が生まれました。
その不安の1つは、「自分の学校でもピア・サポート活動をやってみたいけど、できるかどうか……」と言う教師

← ここが実践のポイント！
　ここで行われているトレーニングは、きわめて基本的なものです。つまり、高度なスキル学習をすることが重要なのではなく、基本的なことをしっかりやることが重要であることを示唆しています。

← ここが実践のポイント！
　プランニングと活動がしっかり組み込まれています。つまり、トレーニングだけで子どもを変えるのではなく、実際に活動する中で子どもが成長していけるようにプログラムをつくっているわけです。トレーニングと丁寧な個人プランニングは、活動のための下準備ということになります。

← ここが実践のポイント！
　係活動、委員会、部活動、学校行事など既存の教育活動の中には、ピア・サポートの観点から見直すことが可能な

が多くて、私一人の力では、なかなかそういう教師たちがピア・サポート活動を始めるところまではもっていけないというものでした。

そしてもう1つは、「ピア・サポート活動を一緒に実践する仲間がいなくて孤独」という思いを抱えた教師もまた多いというものでした。これらの不安材料は、私自身が率先して、モデルとなり実践を示すことで解消されるかもしれないのですが、私自身も職務の多忙さから、十分に実践できていない事実を弁解するための言い訳として自己防衛的に働いてしまい、ピア・サポート活動を広げていくための決断力や行動力を鈍らすこととなってしまいました。

その頃は、職場での仕事も忙しく、ピア・サポート活動以外の仕事に追われていました。そのため、「とりあえず、自分の学校だけを考えていこう」とか、「今、自分がやっているピア・サポート活動を深化させることで、その不安は解決する」と、自分に言い聞かせながら取り組みを進め、小さくまとまることが自分の限界だとも思っていました。まさに、「自分の無力さを知る日々」となりました。

4 「ピアの仲間でオフ会やりたいんです」

そんなある日、「ピアの仲間でオフ会やりたいんです」というメールがありました。突然のメールで、送り主は、私がピア・サポートと出会って最初にかかわった、いわば私にとってのピア・サポーター第一期生からでした。

それは、小学校の4、5年生の2年間、担任として学級内の人間関係を深めようと始めたピア・サポート活動でした。その子らが最高学年になる年に、私は隣の学区の小学校に転勤となりました。その後もその子たちは学校内でピア・サポート活動を自主的に行っているという話を聞いて、間接的にアドバイスを続けていました。

ピア・サポート活動の終了時には、スーパーバイズセッションが行われ、アドバイザーとして参加させてもらう機会がありました。そこでは、プランニングに基づいたサポーター同士の振り返りやアドバイスが、サポートする側の視点でしっかり論議されていました。

子どもたちの柔軟な発想力、うまくいかなかったケースをみんなで考えるカンファレンスも継続されていることを知り、そのような行動の裏づけとなる明確な動機づけがし

活動が数多くあります。多忙な学校現場の実態を考えると、新たな活動を起こすのではなく、そうした活動をリフォームすることで、ピア・サポートを無理なく学校に導入することも可能です。

◆ここが実践のポイント！

仲間に広げるという取り組みが、現実には一番難しいかもしれません。ピア・サポートの研修会には、ぜひ学校の同僚を誘って参加しましょう。

◆ここが実践のポイント！

ピア・サポートプログラムの本質的な目的は、単にピアをサポートすることではなく、その活動を通じて、仲間を支えられる人間、つまりピア・サポーターを育てることにあります。そのことがまさに具現化しています。ただ、それを可能にするには、継続的な支援を行っていくことが重要です。三原先生はそれを実践されていました。

◆ここが実践のポイント！

ピア・サポーターたちは「ニーズがある」ことを実感

っかりされていると、子どもたちはここまで行動できるものかと、ピア・サポート活動の可能性に驚きました。と同時に、私たち大人は、子どもたちの無限の可能性を信じ、適切に「場」と「情報」を提供すれば、子どもたちは私たちの予想を超えてはるかに成長できるということを確信しました。

そんな小学校6年生の子どもたちでしたが、中学校に入学してからは、ピア・サポート活動の話や活動の様子は私の耳には入ってきませんでした。私自身も自分の小学校の活動で手一杯で、その子たちのことはほとんど気にすることもなく過ごしていました。

そんなある日、約2年ぶりに、「センセー、お久しぶりです。今度、ピアの仲間でオフ会やりたいんです。っていうかやります。実は、中学校でピア立ち上げようと思ってます。今度アドバイスもらいに行きますから、よろしく」。こんなメールが飛び込んできたのです。

5　自力でピア・サポート活動を続けていた子どもたち

約2年ぶりに会ったその子たちは(そこに集っていたのは女子たちでした)、一見して成長が見て取れました。それは、仲間の輪が広がっていたからです。自分たちの力で、ピア・サポート活動を横に広げていった証だと感じました。

彼女たちが言うには、中学校に入学してから、友達をつくれずに、学校を休みがちになってしまう子がいること、学校に行くのが楽しくないと思っている子が、思いのほか多いことを中学校の担任の先生から聞いて、びっくりしたそうです。

そして、「どうして自分は、そんな気持ちにならなくてよかったのか」を考えたようです。その答えは、「自分には、自分のことをわかってくれる友達がいること。そして、支えてくれる友達もいるということ。そして自分もまた友達を支えているという自負もあったから」ということでした。

こんな気持ちになれたのは、「小学校のときから、ピアの活動を続けてきたからだ」と胸を張って言えると思ったようです。しかし、こんな思いを他の友達に伝えたくても、伝わらないもどかしい毎日を送っていたそうです。「誰か

できれば、あとはそのニーズに応える活動をつくり上げていこうとします。他者のニーズへの気づきは活動自体に対する価値を見いだすことになり、子どもたちを動機づけることになります。

←ここが実践のポイント!
このメールは、三原先生が、メンターとして機能していたこと、つまり子どもたちモデルになっていたことを示しています。

←ここが実践のポイント!
ここでも「ニーズへの気づき」があり、それがサポート活動への動機づけとなっています。

がなにか行動を起こしてくれるだろう」「先生がなんとかしてくれるだろう」という気持ちと、「自分ばかりが目立ちたくない」という気持ちが、自らの行動を抑制していました。

そんな中で、小学校のときの友達に自分の思い相談したそうです。するとこんな悶々とした思いをしていたのは自分だけではないことに気づくことができたようです。

それからは、自分が考えていた以上に、みんなのこと、学級のこと、学校のことを知らないし、知らなさすぎると感じて、小学校のときにやっていたピア・サポート活動を行うことで、みんなが楽しく学校に集うようになるのではないかと考えるようになっていきました。

だからこそ、機会があって集まっては、「こんな楽しいことを、知らない人たちが集う中学校でぜひやりたい」と相談していたということでした。そして、実際に、ピア・サポート活動を少しでも多くの友達に知ってもらうために、どういう方法で知らせていくか、そのためのプレゼンを自分たちで考えながら少しずつ準備をしてきたということを聞きました。

具体的なトレーニングの内容は、小学校のときに行ったコミュニケーション・スキルを少しアレンジしたものだったようです。

つまり、小学校のときに活動していたメンバーが中心になって、新しい環境となった中学校の中で、他小学校から来た同級生に、声かけやかかわり活動を続けていたというものです。

当初は、「恥ずかしさ」やピア・サポート活動が周知されていない環境で、異質なものを見るような視線にひいてしまうような場面もあったようです。でも、「とりあえずやってみないと、なにも変わらない」という言葉を思い出して勇気を奮ったとのことです。

「とりあえずやってみないと、なにも変わらない」——この言葉は、私が初めて子どもたちにピア・サポート活動を行ったときに使っていた言葉でした。

私は彼女たちに、「なんで、ここまでピア・サポート活動にこだわるのか」と問いかけてみました。

彼女たちは、口々に言います。

「やってみて仲間って、いいなぁって思えるんですよ」

ここが実践のポイント！

ピア・サポーター同士の関係性を育てておくことの重要性を示唆しています。その関係は「うれしいこと」だけを共有する関係ではなく、「悩み」「問題」をも自己開示し、その自己開示を受け止めるような関係です。こうした関係性を築いていくような取り組みが求められます。

ここが実践のポイント！

三原先生のトレーニングは基本的なものでしたが、それだけインパクトのあったトレーニングだったことを示唆しています。

第1章 小学校のピア・サポート実践

「いつもいつも、サポートしてもらってばかりじゃ、だめだし、サポートしてもらったら、今度は誰かをサポートしてあげたくなったというか……」

「こんなウチにでも、できることあったと思うと、なんだかうれしくて、つい頑張っちゃう」

「うれしいじゃないですか。ありがとうって素直に言ったり言われたりって」

これって、すべてが温かい言葉です。温かい言葉のシャワーを浴びて、彼女たちは元気を取り戻していったのです。まさにこれらは、全部、彼女たちの活動の足跡です。そして、それらが血や肉となって、彼女たちを突き動かしている原動力なんだと感じました。

それは、迷いながらも彼女らとともに取り組んだピア・サポート活動の成果だと言えます。そしてなにより私の予想をはるかに超えて、自らの手で活動をしていくという実践力も養うことができたと言えます。

そんなことを考えながら、私の中にも熱い思いが湧き上がってきました。

6 ピア・サポート活動の広がりの可能性を信じて
──縦糸と横糸を絡ませるように

彼女たちの生き生きとした（自信を持った）話しぶりに半ば圧倒されながら、私は1つ、自戒の念を持ちました。

それは、私自身の中で、彼女たちがすでに過去の存在となってしまっていたということです。つまり、私は、「目の前にいる子どもたちをどうしようか」という発想のみで、ピア・サポート活動を行ってきていたということです。卒業していった（私の手を離れた）子どもたちが、どんな状況なのかということではなく、目の前にいる子どもをどうするか、という目先のことだけしか考えていなかったわけです。私の意識の中に、「つなぐ」という意識が存在していなかったのです。

まさに彼女らは、私の想像を遥かに超えたところで、そのつなぐという発想をもたらしてくれました。横につなぐことも大切ですが、縦につなぐことも重要です。以後、小学校と中学校で連携したピア・サポートプログラムを意識し、実践ベースとして動き始めたことは言うまでもありません。

←ここが実践のポイント！

人をサポートするようになるためには、まずサポートされる体験が重要です。

←ここが実践のポイント！

サポート活動に対する自己効力感が高いと、サポート活動への動機づけが高まります。また、動機づけは自分の活動の意義を体験的に知ったときに大いに高まります。

ですから、どんな小さな活動であってもサポート活動を実践し、小さな成功体験を積み重ねることが重要になります。

←ここが実践のポイント！

教師は子どもの成長から元気や情熱をもらいます。そういう意味では、私たちも子どもたちに支えられているわけです。

←ここが実践のポイント！

つながった網の目がより細かく、しなやかであるとき、子どもたちはその網の目からもれてドロップアウトすることが少なくなります。人間関係は、人が社会集団から脱落することの予防要因になるか

最初に述べた、「自分の無力さを知りながら、自分の無限の可能性を信じること」というのは、このようなことから自分の活動の中心課題としていつも意識しています。

今回の原稿をまとめるにあたり、「彼女たちは、なにがよかったからそのように育っていったのか」ということを考えました。その答えは私自身もよくわかりませんでしたが、1つだけ言えることは、実際のピア・サポート活動を進めていくうちに、彼女たちは「○○をやってみたい」「○○は難しそうだけど、できるかも」という意識を持つようになっていったということです。

私たち大人は、このような「場」と「機会（スキル）」を適切に与えることで、子どもたちの無限の可能性を、子どもたち自身に感じ取らせることが可能なのではないでしょうか。

そして、私自身が進むべき方向も、子どもたちに気づかせてもらったように思います。そういう意味では、私自身も子どもたちにサポートされていると思うのです。

らです。また、人は人間関係の中でしか人間関係を学べません。その人間関係が多種多様であることは、彼らの成長にとってきわめて重要です。

その意味で、三原先生の言う「場」に、横と縦の発想を取り込むことが重要になります。

まとめのコメント

サポーターの成長のバロメーターは、彼らが「サポートをしていることで、実は自分自身が支えられている」ことにどれだけ気づき、感謝しているか、にあると思っています。三原先生の教え子たちには、その「気づきと感謝」があり、本物のピア・サポーターに成長しています。そして同時に、三原先生にも子どもに支えられてきたことへの「気づきと感謝」があり、そのことが先生の情熱の源となって、より進化したピア・サポート活動をめざして取り組まれています。すばらしいと思います。

もう1つ重要なことは、三原先生の実践は何年間も続き、今も発展し続けているということです。今後は、同僚を巻き込み、仲間を増やしながら、「地域を巻き込んだ実践」のさらなる展開を期待します。

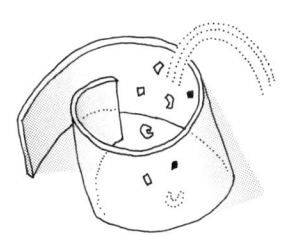

コラム

これから就学してくる子への
サポート活動を通して

高橋宏一　山形県山辺町立大寺小学校教諭

【キーワード】　異学年の「ありがとう」の力／既存の活動を活かす／校内への広がり

　「自分はできない」「どうせだめだもん」という言葉をつぶやき、生活全般にエネルギーが低い子どもが見られます。

　そんな子どもたちが、目を輝かせるときがあります。それは、異学年がつぶやいた「ありがとう」「楽しかったよ」という声を聞いたときです。私は、そのようなつぶやきは、教師の励まし以上の力があると感じています。

　小学校では、どの学校でも行われている異学年活動。そこに、ピア・サポートプログラムの考え方を取り入れることで、かかわりの質を高め、自己の存在を肯定的にとらえることができるのではないかと考え、既存の活動を工夫しながら実践を行いました。

　本校地区では、これから就学してくる子が2回学校に来て、検査を行ったり体験教室を行ったりしています。その世話を5年生が担当します。

　5年生には、事前に「目線を合わせる・うなずくなどの話の聞き方」「質問の仕方」などのトレーニングを行った上で、「これから就学してくる子と、どのように過ごしたいか」の計画を立てます。そして実践・振り返りと活動が進みます。どんなかかわりがよかったか、困った点はどんなところか、みんなで意見を出し合い、2回目の活動に活かします。活動を繰り返すことで、子どもたちは一層自信を深めます。

　5年生たちは、これから就学してくる子たちに自分のかかわりを喜んでもらえたことに自信を持ち、6年生になっても、自信を持って仲間にかかわろうとする姿が見られました。積極的に仲間にかかわることで、自己の存在価値が高まることに気づいたのです。卒業時には、多くの子が人とかかわることに自信をつけたと感想を述べていました。

　また、入学した1年生も、知っている児童がサポートしてくれることで、安心して学校生活を始めることができました。

　このような活動を他の先生方に見てもらうことで、ピア・サポート活動の有用性を感じてもらうこともできました。そして、活動の前に、簡単なトレーニングを行ったり、振り返りを大切にしたりする先生方が増え、学校全体に活動が広がっていきました。

　私は、小学校でピア・サポートプログラムを導入することは難しいことではないと考えています。異学年活動が教育活動に根づいているからです。既存の活動を活かしながら、子どもたちの心を育む活動を今後も工夫していきたいと思います。

コラム

支援が必要な児童がいる学級での
ピア・サポート

三枝由佳里 大阪市立海老江東小学校教頭

【キーワード】 ピア・サポートを実施する土台／一人一人が「認められる心地よさ」を味わう

　ある5年の学級を、年度途中から受け持ったときのこと。クラスには知的障害のあるA児とB児が在籍していました。

　音読する声が小さいと「もっと大きな声で読めや！」「それでも読んどんのか?!」と、どなり声が飛び交いました。他の児童も、いつまた誰かが授業をつぶそうと暴れだすんじゃないかとビクビクしているような状態で、ピア・サポートを実施する土台のないクラスでした。

　まず、何とかこの子たちの心のトゲトゲを取り除いて、みんなが安心して過ごせるようにしたい。あたたかい言葉がかけ合える仲間になってほしい。その思いで「プラスのストローク」「あたたかい言葉のシャワー」のワークに取り組みました。

　しかし1回目は大失敗。友達のよいところが書けないのです。友達のよさや頑張りに気づかないでいることに愕然としました。

　でも、自分のいいところを1つ書いてもらえた男児は、顔を赤くして喜んでいました。その姿を見て、「そうだ。この子たちも、自分のよいところを認めてもらいたがっているんだ。人にあたたかい言葉をかけるには、まず自分がかけられた心地よさを味わわなきゃいけないんだ」と気づきました。それ以来、朝の会・帰りの会をはじめ、気づいたときに、その頑張っている姿を紹介するようにしました。

　その後、跳び箱の学習でのこと。4種類の跳び箱から、自分のめあてに合うものを選んで練習します。A児とB児は4段です。

　8段を跳んでいた男児ら5名が、A児とB児のところにやってきました。

　「見たるから跳んでみ」

　「もっと前に手をつかなあかん」

　A児らにアドバイスを始めたではありませんか。そしてA児はなるべく手を前にして……跳べた！

　「おう！　やったやん！」と拍手と歓声が挙がりました。やっとその人なりの頑張りを認め合える仲間になった瞬間でした。

　このように、特に支援が必要な児童を核としたピア・サポートに取り組むには、クラスの子どもたち一人一人が「認められる心地よさ」を十分味わっていることが重要だと思います。その心地よさが、支援の必要な児童だけでなく、友達一人一人の頑張りを認め、ぴったりの働きかけができる条件になるのです。

第2章 中学校のピア・サポート実践

「荒れ」の中、学校全体で取り組んだピア・サポートプログラム
二葉中学校3年間の取り組みを通して

高橋哲也　広島県広島市立翠町中学校教諭　　コメント：春日井敏之　立命館大学教授

【キーワード】生徒理解と教師の自己変革／スクールワイド形式／
自己承認感・自己効力感／総合的な学習の時間／教師集団のチーム性

1　学校の概要

　広島市立二葉中学校は、生徒数711名、学級数27（普通学級19、特別支援学級3、施設内学級2、夜間学級3）、教職員数77名の比較的大規模な学校です。広島県の県庁所在地である広島駅近郊地域には、マンション建設等により流入した新しい住民も多い一方、夜間学級が併設されるなど複雑な背景を持った生徒が多く居住しています。

　平成14（2002）年度までは、授業妨害や器物損壊、授業中の徘徊などが日常的に起こっていました。こうした中、二葉中学校は県教育委員会指定の生徒指導重点校となり、取り組みが本格化しました。その結果、平成15（2003）年度頃から不登校生徒数や問題行動等の発生件数は減少し、学校もやや落ち着きを見せ始めました。

2　ピア・サポートプログラムの導入に向けた経緯

　平成15（2003）年度より「生徒理解と教師の自己変革」というテーマを掲げ、教育相談の機能を生かした生徒指導体制の再構築を図りました。その結果、少しずつ教師の生徒へのかかわり方に変化が見られるようになり、生徒の話を共感的に聴き取り、一緒に解決策を考える姿勢が随所で見られるようになりました。結果的に暴力行為や不登校生徒数は明らかに減少していきましたが、問題がすべて解消したわけではありません。本校がピア・サポートプログラム（以下、PSP）を導入したのは、こうした時期でした。すなわち、この状態をさらに改善し、学校不適応に起因する諸問題を減少させるために、積極的生徒指導の観点から、予防的開発的なプログラムであるPSPを導入したのです。

　本校のPSPの取り組みは、すべての学級でトレーニング

← ここが実践のポイント！

　生徒理解とともに教師の自己変革をテーマにした点から、教師集団が真摯に生徒とかかわっていこうとする姿勢が伝わってきます。実は、これが生徒に対する「積極的生徒指導」のもう1つの大切な側面なのです。生徒指導は、お互いが変化、成長するという双方向の人間関係をベースに効果を発揮する営みだからです。

を行い、すべての学級がサポート活動に行く、スクールワイド形式を導入しました。

3　具体的な実践内容と結果

(1) 平成16（2004）年度（初年度）の実践

①実践内容

　教員がPSPを知らないまま、学校にPSPを導入するわけにはいきません。初年度は担任に、生徒たちへのトレーニングのサポート役をしてもらうため、トレーニングのやり方や展開やコツをつかんでもらうことにしました。具体的には道徳の時間を使い、月1回のペースで、生徒指導担当教員と担任のティームティーチング方式でトレーニングを行うとともに、年間30時間の生徒指導とPSPに関する研修を行って、次年度の本格的導入の準備を進めました。

　トレーニングはリレーションづくりから段階的に発展させたプログラムで、特にコミュニケーションスキルとアサーションスキル、問題解決スキルと積極的支援スキルなど、他者を支援するのに必要なスキルに重点を置いたものです。

②結果

　生徒の感想の中には、「自分には何にもいいところがないとずっと思っていたけど、少しだけ自分にもできそうな勇気がわいてきた」といった自己認知や自己効力感の改善を示す感想が多く見られました。また、「イライラしてよく友達や親にあたっていたけど、イライラはなくならないけど、なんかこれまであたりちらしていた人の気持ちが想像できて、コントロールでき始めた」という感想を書く反社会的な傾向のある生徒もいました。不登校傾向の生徒の中には、「トレーニングで2人組や3人組をつくるとき、『一緒にやろうや』と声をかけてくれたり、なんかうれしかった。（これからは）自分のような仲間に、少しだけ勇気出して声をかけてあげたい」という感想を書く生徒もいました。

　生徒が特に効果を感じたトレーニングは傾聴トレーニングで、特に役立った場面は、学校において学習の相談や友達とのトラブルについての相談があったときでした。

　こうした効果は教師が予想していた以上に大きいものでした。教師の感想も肯定的なもので、研修時間の確保、指

◆ここが実践のポイント！
　ＰＳＰに知見の深い生徒指導担当教員と担任がＴＴ方式で学級のトレーニングを行ったことと、年間30時間の研修を学校として実施することで、質の高い教師集団が形成され、実践と理論の統合が図られていきました。この中で、教師がお互いに変化、成長していったことが、生徒にも伝わり、生徒の感想にも反映されています。

◆ここが実践のポイント！
　ピア・サポートのトレーニングと実践によって、生徒の自己効力感が高まり、セルフ・コントロールができ始めたことの背景には、声かけや傾聴などによって、生徒たちが、お互いにつながり合うことができたからです。教師は、コーディネーター（つなぎ役）としての役割を担っているのです。

導案作成等についての現実的な懸念の指摘はありましたが、導入自体に否定的な回答をした教師は一人もいませんでした。これはPSPの意義や効果を教師が実感していたことを示唆するものと考えられました。

　効果の検証については、この実践のために新たに開発した、「自己承認感」「自己効力感」など10の下位尺度から構成されている「学校生活を楽しく過ごすための調査（中学生用）」（栗原他、2006）を用いました（以下、「学校生活調査」）。なお効果を比較するための対照群は、近隣の学校に協力を求めました。

　アンケートの分析の結果、生徒の自由記述などからは、自己理解の深まりや思いやり行動への意欲の高まりが推察され、教師もそれを感じていました。しかし対照群と比較した場合、「学校生活調査」上では、対照群よりも有意に伸びたと言えるような変化は見られませんでした。つまり、トレーニングだけでは、その効果は十分ではないということが課題として浮かび上がってきました。

(2) 平成17（2005）年度の実践（初めての総合プログラム）

　①実践内容

　二葉中では大きく2種類の実践をしました。1つは、1、2年生全員をサポーターとしてトレーニングし、近隣の小学校、幼稚園・保育園、老人施設にサポートに行く実践です。もう1つは、「総合的な学習の時間」の中で「ピア・サポート」を選択した3年生が、学校内の1年生の英語と数学の学習支援などを行う実践です。3年生は約20人でした。

　1、2年生は「総合的な学習の時間」を30時間強、3年生は12時間程度用いて行いました。実践はサポート活動を軸に、その前にトレーニングとプランニング、終了後にスーパービジョンを行い、それを何度も繰り返すというものでした。ちなみに1、2年生は6回、3年生は5回のサポート活動を実践しました。なお、トレーニングの内容は学年が上がるにつれてレベルアップするように設定されました。

　②結果

　前年度はトレーニングのみの実践でしたが、教師は手応えを感じていました。しかし、平成17（2005）年度は近隣施設に生徒を送り込むため、行動レベルでの緊密な連携が

←**ここが実践のポイント！**
　取り組みの効果検証をしていくための方法を有していることは大切なことです。

←**ここが実践のポイント！**
　トレーニングだけでは、その効果は十分ではないという点は、非常に重要な指摘です。1時間のワークショップは、そのとき興味深くできても、それだけで終わってしまう傾向があります。学んだことを日常の学校生活につなげて、生かしていくという実践が大切になってきます。

←**ここが実践のポイント！**
　トレーニングを丁寧に時間をかけて行っている点や、プランニング、サポート活動、スーパービジョンをセットにしている点が、実践として優れています。どのようなスーパービジョンが行われたのか、内容と方法について興味がわいてきました。

必要となった上に、大量の人事異動という課題にぶつかり、PSPを軌道に乗せるには様々な困難が伴いました。初めてのサポート活動は、生徒だけでなく教師も先が見えず、運営がうまくいかないことも少なからずありました。加えて、この年度、生徒指導上の問題が生じたこともあり、学校が落ち着かない時期もありました。この年度の実践は、五里霧中の中での苦しい実践というのが実感でした。

年度の終わりに、効果の検証を行いました。こうした実践状況だったため、効果については実は懐疑的でした。しかし、結果は予想とは逆でした。学校が荒れたこともあり「学校満足感」は近隣の対照校に比べて悪化していましたが、「自己効力感」と「向社会的スキル」が対照群よりも数値が改善していました。「友人関係スキル」と「被侵害感」については対照群との間にあった差が解消していました。自由記述からは生徒が意欲的に取り組んでいることや、内面的な成長が見られることがわかりました。こうした結果は、教師集団にとって驚きとして受け止められているような印象がありました。

← ここが実践のポイント！
学校はどちらかといえば荒れていたにもかかわらず、なぜ自己効力感は上昇したのでしょうか。私たちは、日々の困難な学校生活の中で、大切なものを見過ごしているのかもしれません。

(3) 平成18（2006）年度の実践（プログラムの発展）

①実践内容

1年生の施設訪問

1年生のPSPは、幼稚園・保育園、老人施設への7回の訪問活動を中心に構成しました。

訪問前の準備（プランニング）では、ピア・サポート委員（各クラス2名）を中心にゲームを考えたり、行事の飾り付けをつくったりして生徒自身も楽しみながら取り組む姿が見られました。園児や老人への安全面も生徒がしっかり考えていました。訪問を重ねるにつれて、ただ訪問するのではなく、成果や反省を踏まえて、主体的かつ意欲的に訪問活動の内容を考えるようになっていきました。

実際の活動では、課題のある生徒が優しく園児や老人に接して、施設の担当者から高い評価を受ける場面が印象的で、教師も生徒理解を深めることができました。そうした

幼稚園での折り鶴づくり（中1生）

← ここが実践のポイント！
課題を抱えた生徒が、どんな願いを抱えながら学校生活を送っているのかが伝わってきます。誰もが、能力・発達レベルと存在レベルで認めてほしいと願っているのです。

生徒に教師も「よくやってくれているね」と伝え、これは彼らにとっての大きな自信になり、他者と自己への信頼感や自己有用感を高める機会となったと思われます。

2年生の小学校訪問

2年生のPSPは、地域の4小学校への7回の訪問活動を中心に構成しました。

担当教員とピア・サポート委員（各クラス2名）は、訪問までに各小学校とサポート内容・時間等を打ち合わせしておき、訪問当日は昼食後、各小学校へ徒歩で向かいました。

活動の内容は小学校ごとに異なり、ピア・サポート委員から「クラブ活動のサポート」「算数や英語の授業のサポート」など、様々な活動が提案されました。生徒たちは自分の得意とするスポーツや音楽をサポートするので、日頃校内では見ることのない、いい表情を見せてくれました。また、準備も熱心に行いました。多くの生徒が、「やり方教えて」などと小学生に声をかけられるようになった」「小学生からすごいねと言われてうれしかった」とコメントしています。学習支援をしたグループでは、小学生に教える準備の過程で、自分が理解を深めるといった副産物もありました。訪問後のお礼の手紙のやりとりで、さらに関係が深まっていきました。生徒の感想には、「ほめてあげることができた」「目線を合わせるようになった」といった、トレーニングを生かそうとする姿勢が見られるものもありました。

小学生への学習支援（中2生）

←ここが実践のポイント！
中学生が小学生に対して、自分の得意とすることを通してサポートするという点がいいですね。初めはどきどきしながらも、徐々に自信をつけていく生徒の姿が伝わってきます。無理しないで自分を生かしながら他者とかかわることが、長続きするサポート活動の秘訣です。

支援先の小学生の対象年齢が低学年の場合は、年長者としての態度や服装の意識向上に変化が見られました。校内では見せない優しい表情を見せたり、場に応じて言葉を使い分けられるようになるなど、社会性の向上を感じられる場面も多く見られました。

3年生の校内での学習支援

3年生のPSPは校内での中学1年生への6回の学習支援を中心に構成しました。

3年生は「ピア・サポート」を希望した20人なので、積

←ここが実践のポイント！
3年生が、1年生の学習支援に入るという実践は、3年

極的に活動をしていました。実際の学習支援では、目線を1年生と同じにしたり、相手によって話し方や接し方を変えるなど、相手に合った対応をしており、トレーニングの体験を生かす場面が多く見られました。

中1生への質問教室（中3生）

支援が難しい場面では、サポーター同士が支援し合う場面も見られ、良好な信頼関係が築かれていきました。こうしたサポーターの行動に1年生が感謝の気持ちを言葉や態度で表明してくれることもあり、サポーターはそれを素直に喜んでいました。こうした一連の体験が、サポーターの自尊感情や自己効力感の向上、あるいは向社会的行動や対人関係能力の改善につながったと考えられます。

②結果

最終年度、2年間の積み重ねの中でサポート先との連携はスムーズになりました。教師のかかわりも、指導するというよりは「生徒の変化を待つ姿勢」へと変化しました。ピア・サポート委員を中心に、生徒がやらされる活動から自主的主体的な活動に変化し、訪問先の子どもたちやお年寄りから様々な賞賛やねぎらいの言葉を受けたりする中で、より主体的な行動がとれるようになりました。

平成18（2006）年度の「学校生活調査」の結果では、「自己効力感」と「向社会的スキル」は平成17（2005）年度に引き続き改善し、その改善の程度は前年度より大幅なものでした。加えて「自己承認感」「被侵害感」「劣等感」の数値が改善していました。また、学校が安定したこともあって「学校満足感」も改善しました。

自由記述の内容も昨年以上に「自己洞察の深まり」「自己有用感の獲得」「他者受容・他者理解の深まり」などを報告するものが多くなりました。サポート活動とトレーニングを積み重ねていくことで、行動変容を実感できるようになったと考えられました。

4　PSP成功の秘訣
(1) 教員研修の重要性

二葉中学校の実践の成功の陰には教員研修があります。

生らしさを日常生活の中で発揮していく支援として重要な試みです。また、サポーター同士が支援し合うなかでつながっていく姿もよく伝わってきます。

◆ここが実践のポイント！

「生徒の変化を待つ姿勢」という教師の変化、成長がいいです。この教師の変化、成長は、生徒たちの活動が、ピア・サポート委員会を中心に、やらされる活動から自主的主体的な活動に変化していったことと連動していると考えられます。

PSPの導入に当たり、広島大学の栗原慎二先生に本校のスーパーバイザーを依頼し、3年間90時間の教職員研修会（小中合同研修会22時間を含む）を実施してもらいました。研修は、すべて生徒指導・教育相談に関するものでしたが、内容については生徒や教師の実態やニーズを踏まえて柔軟に構成してありました。また、指導案の検討や連携会議での実践の方向についての助言、学生ボランティアの派遣などご尽力をいただきました。

　こうした研修等を通じ、個々の教師の生徒指導能力の向上と、実践の方向性の共有等による教師集団のチーム性の向上が図られたと考えられます。これが実践の成功の根底にあると考えてよいと思われます。

◆ここが実践のポイント！
　3年間で90時間という教職員研修会の質の高さが、教師集団のチーム力を高め、二葉中学校における多様なピア・サポート活動の原動力になっています。

(2) サポート活動の重要性

　「学校生活尺度」を構成する10の下位尺度のうち、「自己承認感」「自己効力感」「被侵害感」「劣等感」はトレーニングを経たサポート活動後に有意に数値が向上していました。これは、スキルは単にトレーニングすれば獲得できるものではなく、学習したことをサポート活動で実際に活用することによってより効果的に身につくこと、つまり、「サポート活動は、トレーニングの成果を定着させる要因となっている」ことを示唆すると考えられます。

(3) 丁寧で十分なトレーニングや配慮の必要性

　他者とのかかわりを苦手としている生徒の中には、活動に負担や不安を感じている生徒がいました。こうした生徒が安心して活動できるようにするには、丁寧で十分なトレーニングが必要です。また、彼らが安心して活動するには、例えばペアで活動させるなどの配慮も重要だと考えます。

◆ここが実践のポイント！
　他者とのかかわりが苦手な生徒に対して、ペア活動といった具体的な支援は重要です。スクールワイド形式で、全員を対象とした活動を行う場合、この点を大切にしないと、「やらせの活動」や「もうやりたくない活動」になってしまうからです。

(4) 動機づけとスーパービジョンの重要性

　PSPでのサポート活動は、やらされる活動ではなく、生徒の主体的活動でなければ意味がありません。この点で、二葉中の実践は「すべての生徒をサポーターとみなす実践」であったため、動機づけを高める工夫が必要でした。活動の意義の理解、自分自身がサポートを受けて生きていることへの気づき、サポートした相手からの感謝のフィードバック、他者からの肯定的評価、サポーター同士の相互刺激や励まし合いなどの重要性が明らかとなりました。これらを記事内容に含んでいた『ピア・サポート新聞』は、活動にエネルギーを注ぎ込んだと考えられます。

◆ここが実践のポイント！
　サポート活動を通して実感している喜び、悩み、葛藤、気づきなどを、サポーターが

また、生徒の心のケア活動は、PSPの隠れた成功の秘訣と言えます。効果的なスーパービジョンのあとでは、生徒の考えるサポート活動が、支援相手の心の理解に立った心のこもったものになっていました。

5　課題「成功が必然になるための仕組みづくり」

　平成18（2006）年度までの二葉中学校の教員の平均研修時間は、教員の異動を勘案しても一人当たり約75時間でした。他にも、教育評価の実践へのフィードバック、連携先との定期的連携会議、大学教員からの定期的スーパービジョンなどが実践の中に組み込まれていました。言い換えれば、「成功が必然」になるだけの共通の研修と話し合いを積み重ねてきた教員集団であり、そのための「仕組み」を持ったからできた実践だとも言えるのではないでしょうか。

　したがって重要なことは、「成功の維持が必然」になるだけの仕組みを整えることだと考えます。例えば、二葉中学校と同程度の実践が可能な生徒指導力を持つ教員集団を形成しようとすれば、同一校勤務年数の平均を5年とすれば、研修は年間15時間必要になります。これを仕組みとして組み込むことが必要になります。こうした仕組みを整え、維持し続けることが「成功を維持し続ける学校」になるための課題と考えています。

　お互いに交流し合い共有していくことは、自分たちの成長を確認し合う場として重要です。また、活動を継続していく上でも大切なことです。

←ここが実践のポイント！

　研修の充実を柱として、「成功が必然」になる仕組みを整えていったことが、二葉中学校の実践を支えていきました。ピア・サポート実践を包括的生徒支援のなかに位置づけ、研修と交流の体制を維持していくことが、重要となっています。

> ▶まとめのコメント
>
> 　二葉中学校の3年間のピア・サポート実践を通して見えてきたことが5点あります。
> 　1つには、3年間で90時間という教職員研修会に象徴されるような質の高い研修の仕組みが実践を支えたこと。2つには、スクールワイド形式を導入し、「総合的な学習の時間」などを活用しながら、生徒全員を実践主体として育てようとしてきたこと。3つには、施設訪問、小学校訪問、1年生への学習支援など、学校・学級の枠を越えたフィールドで実践が展開されていったこと。4つには、サポーター同士が、『ピア・サポート新聞』や励まし合いなどを通した相互フィードバックによって支え合う場をつくっていったこと。5つには、ピア・サポート実践を通して、教師のかかわりが「生徒の変化を待つ姿勢」へと変化し、教師集団としてのチーム力を高めていったことです。
> 　さらに大切なことは、ピア・サポート実践が、生徒指導重点校という困難な状況に対して、包括的生徒支援の一環として取り組まれ、成果をあげていったことです。

「リトルティーチャー」による
ピア・サポート活動

林　剛史　大阪市立淡路中学校教諭　　コメント：菱田準子　大阪市教育センター総括指導主事

【キーワード】横と縦のつながり／小中連携／規範意識の向上／学習意欲の向上／
不登校、いじめ予防対策

　ここで紹介する「リトルティーチャー」は、生徒が先生役を演じて授業をするものではなく、学習支援に必要な技能をトレーニングした上で、中学校教員の授業を受ける小学生（4年・5年）の学習支援者（サポーター）となるサポート活動です。

1　「リトルティーチャー」に期待したこと

　本校生徒の学力は、「全国学力・学習状況調査」の結果などからみても、非常に厳しい状況にあります。生活面では時間を守る、あいさつをする、正しい服装をするなど、規範意識が低いことも課題となっています。厳しい生活背景もあいまって、「どうせ、何をやってもできない」「しんどいことはしたくない」と、学習から逃避する生徒や学校に足を向けなくなる生徒も少なくない状況です。

　このような実態を踏まえ、1年生で「リトルティーチャー」という小学生への学習支援活動を通して、生徒の自己有用感を高め、学習意欲の向上を図るとともに、先輩としての自覚を持つことで、規範意識の向上を図りたいと考えました。また、大切にしてくれる人とのつながりをつくることが、ドロップアウトの予防になることを大阪市教育委員会の不登校対策プロジェクトで学び、つながりをつくるための大量の良質なコミュニケーションの機会を「リトルティーチャー」の取り組みに活かしました。

　そして、「リトルティーチャー」を切り口に、生徒同士が安心して学び合い、表現し、課題を解決できる豊かな人間関係を、3年間かけて育みたいとの願いがあります。厳しい生活背景や、様々な課題を背負った生徒が、「自己の課題や夢を語る」ことのできる、横同士の豊かな人間関係を育み、温かく思いやりのある学級・学年風土を醸成すること

←ここが実践のポイント！

　実践する教員が、子どもたちの現状をどのようにとらえているのか、この現状分析が大切です。医者が病状を見立てて、処方箋を出すように、見立てが間違っていれば、思うような効果は得られないでしょう。

　そして、見立てがよくても、処方箋をつくる専門的知識や経験が必要となります。

←ここが実践のポイント！

　実践する教員の「願い」が存在します。「願い」はピアの志に基づいたものです。一人一人の子どもの幸せを願う思いと手立てを融合することで

が最終の目標でもあります。

2 プログラムの概要

下図に示すように、道徳・学活・総合的な学習の時間を活用し、総時間数約30時間の取り組みです。

トレーニング、プランニング、サポート活動、スーパービジョンと進み、さらに、このサイクルを積み重ねています。1回のサポート活動で終わるのではなく、サポート活動を振り返り、発見した課題を自分たちで解決していく学習活動（スーパービジョン）の質を高め、再チャレンジできるようにしています。

図 「リトルティーチャー」プログラムの構造

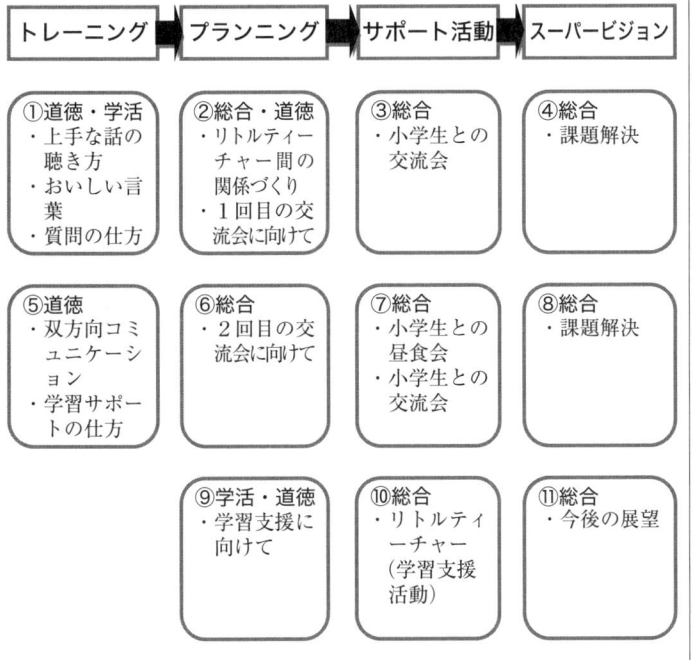

トレーニング	プランニング	サポート活動	スーパービジョン
①道徳・学活 ・上手な話の聴き方 ・おいしい言葉 ・質問の仕方	②総合・道徳 ・リトルティーチャー間の関係づくり ・1回目の交流会に向けて	③総合 ・小学生との交流会	④総合 ・課題解決
⑤道徳 ・双方向コミュニケーション ・学習サポートの仕方	⑥総合 ・2回目の交流会に向けて	⑦総合 ・小学生との昼食会 ・小学生との交流会	⑧総合 ・課題解決
	⑨学活・道徳 ・学習支援に向けて	⑩総合 ・リトルティーチャー（学習支援活動）	⑪総合 ・今後の展望

「リトルティーチャー」の実施の2か月前には、「上手な話の聴き方」「おいしい言葉」「上手な質問の仕方」のトレーニングを行ったうえで、保育所にて幼児との交流を行い、次に地域のカーニバルで幼児を預かる託児所を開設する取り組みを行っています。この取り組みを「リトルティーチャー」の取り組みの前に入れた理由は、小学生よりもう一つ年齢の離れた幼児とふれあうサポート活動の経験を積み、達成感を持ちつつ、自己有用感を高め、「リトルティーチャー」の取り組みの動機づけになるようにと考えたからです。

◆**ここが実践のポイント！**

具体的なピア・サポート活動の枠組みが必要です。教育課程のどこに位置づけるのかを明確にすることです。

◆**ここが実践のポイント！**

1回のサポート活動で終わらず、失敗を重ねながら再チャレンジする機会をつくっています。再チャレンジするプロセスで、子どもたちは互いに励まし合い、学びの質が高まり、絆が育まれます。

◆**ここが実践のポイント！**

サポート活動を実施するというゴールをめざして、スモールステップでスキルや意欲を高める工夫がなされています。このスモールステップを具体的に設定するマネージメント力が素晴らしいですね。

3　取り組みの紹介

生徒が学習支援を行う教科（国・社・数・理・英・体・美）については、事前に希望調査を行い、生徒が自信や興味が持てる教科に振り分けました。1つの教科における児童・生徒の数は、小学生が約24人、中学生が約12人となりました。

トレーニングについては、最初にすべての基本となる「上手な話の聴き方」を通して、人の話を聴く力を養いました。また、相手の気持ちや考えを知り、相手に自分の意見や考えが伝わることで、「友達にわかってもらえたときはうれしかった」という感情の交流も生まれ、豊かな人間関係づくりに役立てることができました。

次に、「おいしい言葉」というテーマで、ほめられてうれしい言葉を出し合い、クラスで投票を行いました。

「『すごいね』は言われるとうれしいけど、あまり使っていないから、意識して使おうと思った」や「人それぞれ、言われておいしい言葉ってあんねんなぁー。みんな違ってみんないい！」と、ふだん使っている相手が喜ぶようなうれしい言葉を出し合い投票を行うことで、ほめられてうれしい言葉は人によって違うことに気づくきっかけをつくることができました。

3つ目の「上手な質問の仕方」では、話し手が山・川・家の簡単な絵を使った風景を描き、聴き手が上手に質問を重ねながら、話し手と同じ絵を描くことをめざす活動を行いました。「ちょっとした言い方によって、イメージするものが全然違っていたりして、難しかった」「人が思っていることをちゃんと聞き出すことは難しい」ことに気づき、相手の思いや感情を知るために、上手に相手の状況を質問したり、伝え返したりする方法を学びました。

「小学生との交流会に向けたプランニング」では、学習支援を行う教科ごとにサポーターが集まり、小学生との交流会の計画を考えます。生徒たちは、小学生と「あいこじゃんけん」や「スゴロクトーク」をするプランを考え出しました。そして、実際に自分たちが事前に体験する中で、「相手のことをちゃんと考えてしなあかんっ！　自分のことばっか考えてたらあかんっ！」「ふだん近くにいる人が、こんなことを考えていたのかとか、相手がどんな人か少しわかった」「自分的に人と話をするのは好きやけど、今度からは相

←ここが実践のポイント！

「希望調査」の実施は、子どもたちの主体性やモチベーションを高めることに有効です。この意思決定ができる機会を与えることは、自分の行動や結果に責任や意味を見出すことにつながります。

←ここが実践のポイント！

トレーニングを通して、現在の自分の行動や感情への気づきを生みだすことが大切です。「楽しかった」で終わってしまうトレーニングでは、子どもの変容につながりません。

←ここが実践のポイント！

子どもたち自身がサポート活動を考えることが重要です。グループプランニングは、連帯感を育み、横のつながりをつくる効果があります。

手のコトを考えて話しなアカンと思った」など、横のつながりをつくりつつ、相手の立場に立つ感想が多く見られました。

小学生との2度の交流会は、円滑に学習支援活動を行うことができるように、人間関係・つながりをつくる目的で行いました。「うまく話を聴けてよかった。みんなが気軽に話せる雰囲気ができていたと思う」と、多くの生徒が計画どおりに交流会を行えました。

一方で、「しゃべらない子がいて、質問に答えてくれなくて、がんばったけど無理やった。でも何回か小学生が笑ってたからよかった」と、課題となることを持ち帰る生徒もいました。

また、当日までに心がけることの中で、「言葉遣い」や「服装」が意見として出され、規範意識についても意識しているところが見られました。

そして、「また来てね」や「中学校の授業、楽しみにしてます」など、小学生や小学校の先生方から声をかけてもらうことで、中学生の学習支援に対するモチベーションが高まりました。

学習支援活動「リトルティーチャー」に向けたプランニングでは、事前に「白熊の生態」というサイコロを使った遊びを通して、学習の苦手な子の気持ちを考える活動を行いました。そして、「わからないときは、おもしろくなかったけど、わかったらおもしろくなった」「まわりの子がわかってくると、どうして自分はわからないのかとあせってくる」などの気持ちを理解した上で、しっかり学習支援を行っていこうという確認を行いました。そして、小学生が中学校の授業を理解し、楽しんでもらえるために、サポーターとして何ができるかを、指導案（各教科ごと）に基づいて話し合いました。

学習支援活動「リトルティーチャー」当日は、「さすがに緊張するわぁ」など不安な気持ちを訴える生徒もいましたが、教室に入る前に円陣を組んで、全員で気持ちを高めるチームもありました。

そして、いざ学習支援を始めると、これまで培ってきたトレーニングや振り返りの成果が発揮され、小学生が授業内容に集中し、楽しく学べるように指示を出し、時には様子を見守りながら声をかけるタイミングを計っている生徒

←ここが実践のポイント！

課題を持ち帰り、その課題を共有する振り返りの機会を持つことが大切です。「リトルティーチャー」の取り組みでは、子どもたちが規範意識やルールを尊重するという価値基準を持ち、実行していこうという態度が育つことをねらいにしており、指導者は待つ姿勢が求められます。その際、小学生の「また来てね」などの声は、課題を解決していこうという次の活動への原動力になります。意味のある活動であることを子どもたちが実感できる工夫が必要です。

←ここが実践のポイント！

子どもたちに何を気づかせたいのか、指導者の思いを反映させている、この「しかけ」が重要です。トレーニングで引き出せる気づきを指導者が理解して、トレーニングのメニューを組み立てていくことが必要です。

←ここが実践のポイント！

指導者が子どもたちの様子をよく観察し、感心したり、感動したりすることが何より

第2章 中学校のピア・サポート実践 37

の姿が見られました。ふだんあまり積極的に話さない生徒も、小学生に対してひるむことなく、わかりやすい丁寧な声かけを行っていたのには驚きました。

一方で、上手に声をかけられない生徒も若干いましたが、今後の中学校生活の中で、上手にできるようになっていきたいと決意を書いていました。

小学生からは、「中学生と1～6時間目まで一緒に勉強したい」「できてほめてもらえたのがうれしかったので、また勉強を楽しく教えてもらいたい」のような感想がたくさん寄せられ、「リトルティーチャー」の活動は充実感や達成感を得た活動になりました。

4 プログラムの効果

この取り組みを通して、小学生と中学生との縦の関係が築かれ、先輩としての自覚が芽生えました。また、「あいつがボタンとめてるから、俺も服装がんばらな」という声が上がったり、登校中に小学生に教える単元の内容を友達と教え合ったりする姿が見られました。そして、「リトルティーチャー」終了後の中間テストに向けて、意欲的に学習に取り組む生徒が多く見られたのに驚きました。

また、中学生同士の横の関係が築かれたことで、不登校傾向にあった生徒と周囲の生徒とのつながりが築かれました。小学生をサポートするという体験を通して、自己肯定感が高まったようです。まだまだ人間関係を築く上で課題はあるものの、以前よりも前向きに学校生活が送れるようになりました。

この取り組みを経験した現2年生は、以前よりも場に応じた態度がとれるようになり、仲間の思いをくみとれる気持ちが養われてきています。

5 具体的な生徒の変化

A子はロリータ系やビジュアル系に興味があり、こだわりの強いところが人との衝突をまねくきっかけにもなっていました。また、家庭のしんどさもあいまって、中学校入学後しばらくすると、教室へ向かうことができなくなり、保健室で思いや悩みを聴いてもらった上で、教室に入る状況になっていました。

学校での長時間にわたる生活は、頭痛を引き起こしまし

も、子どもたちの自尊感情を高めます。子どもの可能性をしっかりと味わいたいものです。

←ここが実践のポイント！

サポートを受けた子どもたちからのメッセージ（フィードバック）をもらうことで、幸福感を味わえます。フィードバックの機会を必ずつくりましょう。

←ここが実践のポイント！

ピア・サポートでは、サポートされる側よりも、サポートする側が大きく成長するとの報告が多くなされます。人は人を支援する中で成長することが実感できます。

←ここが実践のポイント！

小学校や中学校でのピア・サポート活動は集団を扱うことが多いのですが、個に着眼する視点も忘れてはならない大切なものです。個の変容を期待する活動を仕組むこと

た。遅刻が多くなり、また早退日数も徐々に増え、心身の両面で症状が出始めました。病院の診断では、「ストレスを非常に多く抱えていて、学校に登校していることが奇跡的なくらいだ」と伝えられました。

ところが、2学期から始まった「リトルティーチャー」に取り組む中で、A子の心の変化が見られるようになりました。

スゴロクトークをしたときには、「いっしょうけんめいきいてくれてテンション↑↑アゲアゲやったし、『お〜』とか言ってくれてうれしかった」と感想を書いていました。また、小学生との交流会に向けてのプランでは、「自分は人見知りやから不安」「積極的にこっちから話しかけたり…」と自分の苦手な部分に挑戦しようという気持ちが現れていました。交流会後の振り返りシートでは、「最初はほんまにきんちょうやったけど、5年が協力してくれてなじめた」「スゴロクトークでロリータとか答えたら、『ほー』とか言ってくれてうれしかった」「小学生が話してくれて、うまく話せてよかった」と自分が後輩に受け入れられ、課題であるコミュニケーションがとれたことに喜びを感じ、自信をつけている様子がわかります。

2学期の終わりになると、保健室で身体を休め、悩みを聴いてもらう状況は変わることはありませんでしたが、早退をすることがめっきり減り、「リトルティーチャー」の取り組みの時間となる5・6時間目の時間帯までがんばって残ることが多くなりました。

「リトルティーチャー」で出会った仲間を通して、A子がこれまであまり経験したことのない人の温かさや優しさにふれることができたことは、本当によかったと思います。

A子にとって、「リトルティーチャー」の活動は心の居場所となり、現実の生活を生き抜いていくためのエネルギーを充填する1つの場であったと言えます。

6　おわりに

「リトルティーチャー」は、中学校の学年の教員5名と他の学年の体育・英語・美術科教員3名の協力のもと、合計8名の教員で実施しました。複数の指導者が共通理解と協力体制をつくることが求められます。

で、ピア・サポート活動の質も深まります。それは、指導者の「ピアの志」に根ざした願いの表れでもあります。

←ここが実践のポイント！

子どもは、子どもの中で癒されます。自分が努力したことを、小学生が素直な反応で受け止めてくれたという「実感を伴う経験」が、A子さんを勇気づけたと言えます。子どもの持つ力の大きさを、私たち教師や大人が感じる瞬間です。

今回、トレーニングの内容やその意図を説明し、意見交換をするための機会を頻繁に持ったことで、一定の指導内容の共通認識が図られるとともに、指導者の持ち味を活かしたトレーニング内容をつくることができました。教員の連帯感とつながりが強化されたことで、教員のモチベーションが高まり、取り組みの成功に結びついていったのだと思います。

また、うれしいことに、この取り組みを実施した学年の生徒は、誰一人不登校にならずに元気に学校に通うことができています。

最後に、「リトルティーチャー」の取り組みは、短期的には規律と優しさのある学校風土の醸成をめざし、中期的には学力の向上を図り、長期的には失われつつある地域コミュニティの再構築を担う1つの牽引力となる取り組みにしたいと考えています。そのために、校区の小学校や地域とともに、教育課程に位置づけたカリキュラムづくりを早急に進めたいと考えています。

← **ここが実践のポイント！**

指導者である教員の連携は、なくてはならないものです。そのための意見交換の場を用意しています。ピア・サポートについて専門性のない教員にとって、ハードルの高い取り組みにならないように、個々の教員の個性や持ち味が活かせる柔軟性ある活動にしているところを学びたいものです。トレーナーの力量がものをいうところですね。

まとめのコメント

学校は学びの宝庫です。受動的な学びから、「教えることを通して学ぶ」という能動的な学びもあります。この「リトルティーチャー」の取り組みは、まさに後者です。

教科の学び直しとともに、小学生のモデルとなる先輩の姿に近づくために、中学生たちは多くのことを学びました。また、サポートを受けた小学生たちも、学ぶことの楽しさを味わい、自分たちも早く中学生になりたいという夢を育むことになっています。小中一貫した教育が求められている今、この「リトルティーチャー」の実践は、1つのモデルを提示していると思います。

最後に、このような取り組みを継続し維持するには、教職員の「つながり」が欠かせません。教員一人一人が大切にされ、互いに助け合う「ピアの志」が職員室に根づいていることが大切です。ピア・サポートの指導者は、そうした学校づくりのサポーターでもあると言えるでしょう。

コラム

新任校でピア・サポートを導入するために

久保田みどり　長野県飯田市立高陵中学校教諭

【キーワード】　実践不可能な学校環境はない／
生徒の学びのよさを知らせ、職員の理解を得ることから

　赴任した中学校で私が最初に感じた課題は、「学校生活に不適応を抱えている生徒たちが多い」ということでした。前任校で、発達障害を持つ生徒を普通学級で受け入れ、担任として実践したピア・サポートを、ぜひここでも実践できたらと考えました。しかし残念ながら、生徒はもちろん、職員にもピア・サポートの認知度が高いとは言えない環境でした。さらに、担任ではないため、着任早々に実践できるチャンスもないのが現状でした。

　そこで、次のようなことから始めてみました。

自分の教科指導で始める

　私は家庭科の教員ですので、家族や地域の人々と生活することに関する学習内容で、人間関係を学ぶ必要性からピア・サポートを取り入れました。

　また、授業のガイダンスに「グループ学習を進める方法」を入れて、相手を意識した話の聴き方を学んだり、授業中に心ない言葉が飛んだときには授業を中断し、「プラスのストローク」を学んだりしました。これはどんな教科でもできることだと思います。楽しくトレーニングしている生徒の笑顔が印象的でした。

生徒会活動で始める

　生徒会活動では、新役員に引き継がれる時期があります。冬休み中に生徒会の新メンバーによる実務的な研修会があり、生徒会担当の先生に時間をもらってピア・サポート・トレーニングを実施しました。

　研修会終了後、「ピア・サポート通信」を発行し、生徒会担当の先生はもとより他の先生方にも理解していただきました。

　また、級長会を担当し、学級づくりを生徒の立場で考えるためにピア・サポートを取り入れ活動しました。保健委員会、清掃委員会、生活委員会等、どんな委員会でもピア・サポートは導入可能だと思います。

学年で始める

　学級担任でないことは、学年全体でピア・サポートを実施することを提案しやすいと感じました。2年目になるとピア・サポートの認知度も上がり、職員研修会でもピア・サポートに関する時間をとってもらえるようになりました。

全校で始めています！

　異動して3年目、私は不登校支援の係となり、全校で人間関係づくりを中心とした不登校未然防止、不適応生徒への対応策などの課題に取り組んでいます。もちろん、そこでもピア・サポートを活かしています。

> コラム

縦割り総合学習でのピア・サポート活動

井上重美　北海道旭川市立明星中学校教諭

【キーワード】　既存の組織を活用／個人プランニング／コミュニケーションづくり

　本校の縦割り総合学習ＣＷＮ講座では、ピア・サポートが取り入れられました。ＣＷＮとは、本校の校訓である「知・和・粘り」の頭文字をとったものです。

　このＣＷＮ講座のねらいは、「生徒同士が互いに助け合い・支え合う人間関係を育み、思いやりのある学校風土の醸成につなげる」ことです。講座の総時間は25時間で、ステージ発表の4時間を除くと実質21時間の活動になります。

　ピア・サポート講座を選択した生徒は、1年生18名、2年生8名、3年生6名の合計32名でした。ピア・サポートについては初めて知った生徒ばかりで、なかには「なんでこの講座に入ったのかわからない」という生徒もおりました。

　初めての顔合わせでは、「バースデイ・チェーン」や「何でもバスケット」などの身体を動かすトレーニングでコミュニケーションづくりをしました。その後、ピア・サポートプログラムの基本的なトレーニングを進め、個人プランニングを実施しました。

　プランとしては、「幼児に親しみのあるサポートをする」「お年寄りの話し相手になる」「いじめ予防のポスターを作成する」「教育相談をして紙上公開する」「小学校6年生に中学校の不安についてのアンケートをとる」などがあがりました。

　これらのプランニングを実行に移し、生徒たちの自尊感情が高まるなかで、最後のまとめである「ステージ発表」に臨みました。全校生徒にピア・サポートを伝えようとする意気込みで、仲間が1つになった瞬間でした。

　また、通級指導教室の生徒もともに活動し、最後には全員が仲間を大切にしている思いを感じとることができました。

　「まわりの人の支えがあったから、私は何とかできたのだと思います。先生、そして仲間に心から感謝したいです」「自分なりに勇気をもって全力で人と接してきました。やりきった感じがあるので、自分自身は満点だと思います」「後輩や同級生を支えたり、まとめたりすることができました。このピア・サポート講座で、『支える力』を身につけることができました」などの感想がありました。

　学年や学級が違っても会話が弾み心が通じ合っていくなかで、生徒たちの表情が豊かなものに変わっていきました。自尊感情が高まり、自信を持つことができたようです。その後も、さわやかな挨拶と笑顔が増えています。

コラム

教え合い、独りぼっちのいない学校をめざして

小林勝則　北海道網走市立第二中学校校長

【キーワード】「徳力」の育成／先生が仲良し、保護者が仲良し、生徒も仲良し

ピア・サポート導入の背景

本校生徒は、素直でやさしさをもって生活しています。しかし、生活面では「コミュニケーションの力」「教え合い学び合いながら課題を解決する力」が課題となっています。

そこで、コミュニケーション能力と課題解決能力の育成をねらいに、「教え合い、独りぼっちのいない学校」をめざして、ピア・サポートを導入しました。

ピア・サポート導入の経過

平成22年度の学校経営方針（グランドデザイン）で「徳力」（思いやりあふれる心）を設定し、思いやる心を身につける方策に、ピア・サポートを位置づけました。

校内研修の講師には、日本ピア・サポート学会の顧問である中野武房先生を招き、教員と生徒会役員がピア・サポートの研修を受けました。また、校長と養護教諭が日本ピア・サポート学会の「ピア・サポート・トレーナー養成ワークショップ」に参加し、トレーナーの資格を取得しました。

生徒会では、後期活動方針の重点に、ピア・サポートを位置づけました。

ピア・サポートの実践の4本柱

①ピア・サポートを教育課程に位置づけ、学級開き・体育祭・桂葉祭（文化祭）・後期学級活動に向け、各学年とも道徳の時間で4時間トレーニングします。

②生徒会では、本部役員による「紙上悩み相談」、9～10月に全校での「思いやり週間」をプランニングし、仲間支援に取り組みます。

③保健室では、有志による「困っている友へのサポート活動」、掲示物等での全校生徒の「健康サポート」に取り組みます。

④保護者に対しては、養護教諭が希望者にピアとしてのサポートを実施し、保護者支援に取り組みます。

全体の実践を通して、「先生が仲良し、保護者が仲良し、生徒も仲良し」を合言葉にしています。

また、ピア・サポートの評価としては、生徒アンケートを実施して、生徒の思いやる心の伸長を確認したり、年2回、Q-U（「楽しい学校生活を送るためのアンケート」図書文化社）を実施して、学級集団の変容を確認しています。

コラム

ピア・サポート・トレーニングプログラムを活かした学級づくりと個別支援

川畑惠子　奈良教育大学附属中学校教諭

【キーワード】　傾聴スキル、問題解決スキルを組み込んだトレーニングプログラム／Q－Uによる学級集団の把握と個別の理解／職員研修による共通理解とスキルアップ

　本校第1学年は、ピア・サポート・トレーニングプログラムを柱とした学級づくりと個別支援を行い、個々の成長を支援することに努めました。

　中学1年生は、対人関係、特に相手との距離の取り方において、経験不足から生じるトラブルが多発します。このような状況を改善し、親和的な関係を構築するためのスキルを身につける機会を設ける必要を強く感じ、傾聴スキル、問題解決スキルを組み込んだトレーニングプログラムを実施しました。

　ところで、プログラムの実施にあたっては、生徒たちの実態を知り、ソーシャルスキルが育成されてきたかどうか、活動が有効に機能しているかどうか等を分析し、検証し、改善することが必要となってきます。そこで、Q－U（「楽しい学校生活を送るためのアンケート」図書文化社）を学級集団の把握と個別の生徒理解に活かすことにしました。Q－Uは、生徒の変化を把握するために、プログラム導入前の6月と、プログラム終了後の11月の年2回実施しました。

　また、ピア・サポートの研修を奈良教育大学・池島徳大教授に、Q－Uの研修を奈良教育大学・粕谷貴志准教授に依頼し、職員の共通理解とスキルアップを図りました。

　ピア・サポート・トレーニングプログラムは、
①上手な聴き方を身につける
②よりよい問題解決の方法を考える
③対立解消の練習をする
という活動を中心に据え、全10回行いました。毎回の活動では、エクササイズやロールプレイングを中心にした活動、そしてシェアリングという流れを定着させていきました。また、教員が共通の指導観を持ちプログラムを実施するために、事前研修を必ず行ってから各学級で実践を行うようにしました。

　「傾聴姿勢」を身につける活動では、話をじっくり聴いてもらったという満足感や、自分の存在を認めてもらえたという充実感が、生徒の振り返りシートに書かれていました。「対立解消」の練習では、お互いの言い分が出し合え、また、相手の気持ちを理解することもできたという感想が聞かれました。こうしたプログラムの実施により、登校をしぶる生徒も自己の存在感・自己肯定感を確認することができ、自らの力で登校する気持ちになるという変化が見られました。

　Q－Uの事後調査では、「学級生活満足群」に属する人数の増加した学級が、4学級中3学級見られ、活動の有効性が確認されました。

コラム

不登校の予防策にピア・サポートを

島田直子　富山県砺波市立庄川小学校養護教諭（執筆当時）

【キーワード】　不登校予防／養護教諭による実践／子どもたちが共に教え合う実践を

　長年、教育現場にいて感じるのは、最近の子どもたちは人間関係のつくり方が下手な子、人とつきあえない子が増えてきたということです。

　こうした状況を改善するために、教育現場では今、いろいろな取り組みが始まっています。互いに助け合うという発想を持つピア・サポートもその1つです。

　ピア・サポート実践の具体的な内容はさまざまですが、私がかつて勤務していた井口中学校では、コミュニケーション能力を向上させる機能訓練プログラムを中心に行っていました。

　当時、井口中学校に不登校の生徒はいませんでしたが、予防策という意味でピア・サポートを取り入れ、保健委員会の生徒たちを対象にトレーニングを行い、月2回の委員会を活動の時間にあてていました。

　これまでの実践では、心の伝わるあいさつの仕方や上手な断り方、協力し合うための方法、リレーションをつくるための上手な聞き方、話し方といった、コミュニケーションスキルの習得が中心になっています。

　こうしたコミュニケーションスキルの習得の実践を重ねるうちに、うれしい反応が出てきました。「子どもたち全部を対象にしてほしい」という声が聞かれるようになったのです。

　そこで、職員研修を行って、みんなで研修し合い、その後、全校生が各学期に1回ずつピア・サポートを体験できるようにしました。さらに翌年度からは、生徒からの要望もあって、年5回（一学期・二学期各2回、三学期1回）行われるようになっていきました。その際、校長先生をはじめ、諸先生方のご協力を仰ぎました。とりわけ、教務主任の先生には大変なご尽力をいただきました。

　コミュニケーションスキルの習得については私が指導していますが、いずれは生徒会役員が指導役に回り、子どもたちが共に教え合って身につけてくれればと願っています。

＊「子どもたちの声が聞こえる―不登校と向き合った日々―」（島田直子著、2004年）より、ご遺族の許諾を受け転載。構成責任は池雅之。

第3章 高校のピア・サポート実践

必修の授業と希望者向けの2つのプログラムで学校全体の取り組みに！

萬田久美子　大阪府立芦間高校教諭　　コメント：菱田準子　大阪市教育センター総括指導主事

【キーワード】1年生全員必修の授業と希望者向けの2つのプログラム／学校全体の動きをつくるための準備／教員間のピア・サポート／学会認定のピア・サポーター

1　はじめに

　学校としてピア・サポートを取り入れるようになって4年目を迎えました。1年生全員が必修の授業で4時間、希望者（1～3年）には課外で30時間以上のトレーニングをして、具体的な活動につないでいくというのが、その概略です。まだささやかな取り組みですが、少しずつ、着実に浸透してきていると思います。その一番の原動力は「生徒」です。生徒たちがこちらの思惑をはるかに超えて、プログラムや実践を豊かな内容にしています。そして2つ目の力、それは「私個人の」ではなく「学校としての」取り組みに位置づけることができたことだ、と考えています。

　そこでこの稿では、学校としての取り組みにしたその過程から述べたいと思います。

2　本校の概要

　芦間高校は、9割以上が進学する総合学科の府立高校で、創立10周年を迎えるまだ新しい学校です。大阪府下全域から受験できるので、1学年240名の芦間高校にも80前後の中学校から入学してきます。

　生徒の多くは、総合学科の最大の特色である科目選択の時間数と種類の多さに魅かれて入学してきます。つまり、自分で"選ぶ"ことに魅力を感じた、自意識の明確な生徒が多いのです。しかし傷つきやすく打たれ弱いところは否みがたく、保健室利用者も多いのが現状です。

　人間関係に過度に気を使いうまく関係が結べない、そういった悩みを抱える生徒たちへの対策として最も有効なのは、生徒たち自身が、お互いを受け止め、安心して自分の弱みを出せる雰囲気をつくっていくことだと思います。そのための理念やスキルをピア・サポートは持っています。

◆ここが実践のポイント！

「生徒」と「学校」の現状分析がなされ、現状分析から見いだされた課題解決にピア・サポートを導入しています。つまり、ニーズを明確にすることが、実践者の動機づけを確固たるものにし、実践する上で困難に遭遇しても課題を解決し、前に進む力を生みます。

　「生徒」と「学校」のマッチングを図るという視点はとても大切です。それは、双方の

ピア・サポートを学校風土に根づかせる、それがこのプログラムに出会ってからの私のミッションになりました。

3　学校としての取り組みへの過程

学校全体の動きをつくるために準備したことは2つでした。1つは、ピア・サポートについて知ってもらう機会をできるだけたくさんつくったこと、もう1つは、それを担当する組織を明確にしたことでした。

(1) ピア・サポートを知ってもらうこと

私がピア・サポートに出会ったのは2003年でしたが、翌年からは毎年のように、人権や他の校内教員研修の機会をとらえては、ピア・サポートについての講演やワークショップを推薦し、実施してきました。ピア・サポートとの出会いを通信にして、先生方に配布した同僚もいました。当時はピア・サポートの知名度はまだ低く、「まず知ってもらうこと」だったのです。また、全生徒を対象にピア・メディエーションの講演会を実施したりもしました。

(2) 担当する組織

学校としての組織的・継続的な取り組みにする以上、責任を持って企画・運営する部署が必要です。しかし、なかなか適当な組織がなく、2007年に教育相談委員会を立ち上げることになったとき、ここでこそ！ と思いました。ピア・サポートの活動を担う組織は学校によって様々です。本校では、自分自身が属す教育相談委員会にピア・サポートを紹介し、委員の賛成を得て、職員会議に提案。そこで「教育相談委員会が母体」となって「ピア・サポートのトレーニングに取り組むこと」が決定されたのです。

(3) 「学校としての取り組み」の意味

時間はかかりましたが、こうした一連の手続きを踏んだことで、ピア・サポートは少しずつ市民権を得てきました。また、1年生全員と希望者という2つのプログラムを準備したことで、積極的な生徒の発想を、自在に展開できるようになりました。

つまり、養成講座の生徒たちが様々な取り組みに挑戦するとき、先生方や全校の生徒はピア・サポートについて知っているので、特に説明しなくても、積極的に参加したり理解を示したりしてくれるということです。例えば、学年末考査終了日の3月3日に全校生徒に呼びかけて、1年間

ニーズに即した、効果的なピア・サポートプログラムを実現するための根幹です。

←ここが実践のポイント！

ピア・サポートを導入するにあたっての戦略、つまり能動的なしかけを持っています。

一足飛びに、すべてが整うことは難しいものです。中期的な目標を持ちながら、周りの先生方が納得しやすい、「見える手応え」をつくり、着実に導入するための見通しを持っています。

←ここが実践のポイント！

教育課程に位置づけ、全員がピア・サポートを体験する状況をつくっていることは、とても効果的です。共通言語と共通イメージの校内での共有が図られることは、希望者による活動をサポートすることにつながります。

を振り返るピア・クッキングを実施したことがあります。共生推進教室（本校に併設）の生徒や、養成講座外の生徒たち5、6人が家庭科室に集まって、養成講座の生徒たちと共にピタパンをつくり、食べ、1年を振り返り、語ることができたのです。

4　報告や教員研修の重要性

活動開始後は、教育相談委員の先生方に、ピア・サポーター養成講座に参加した感想等を書いていただき、教員向け通信に掲載しました。内容は、生徒の変化をよく見ている深い記事ばかりで感動的なものでした。

養成講座の卒業生たちが、「私たちにとってのピア・サポート」という企画で、教員研修を実施してくれたこともあります。在学中から「自分たちにとってピア・サポートがどんなに意味があったか、それをぜひ先生方に伝えたい」と言っていたので、内容も理論編・実践編に分けて構成。大学に入ってからも、ピア・サポーターとして活躍している話や、後半にはワークショップ「紙上相談」などもあり、とても充実した内容でした。教員の感想です。

・芦間高校で教育を受けて、こう成長したのか、と私も教員の一人として誇りを覚えました。研修内容はメリハリもあり、バランスもよく、よかったと思いました。
・（紙上相談は）誰かに真剣に話を聴いてもらえるということ、誰かが一生懸命に自分のことを考えてくれるということが感じられて、本当に元気が出ました。卒業生の皆さんも自信を持って活動しているようで、この自信のもとがピア・サポートなのかなと思いました。

卒業生が企画運営する教員研修

養成講座の卒業生たちは、夏休みに大阪府立学校人権教育研究会からも呼ばれ、そこでまったく知らない先生方に、同じ内容の研修を実施しました。校内教員研修のとき

◀**ここが実践のポイント！**

ピア・サポートを体験した先生をはじめ、生徒が体験を報告する機会を持つことは、何よりもこの活動の成果や評価につながります。

また、ピア・サポート養成講座の卒業生たちの語りやワークショップは魅力的な取り組みです。今後、このような取り組みは増えていくように感じます。なぜならば、前青年期の卒業生たちの姿は、人づくりの手応えを教師に実感させ、継続したピア・サポート活動の実施を牽引していくものになるはずだからです。

◀**ここが実践のポイント！**

指導者がネットワークを持っていることで、活動の幅が

とはまた違う卒業生たちでしたが、皆さんから「すごい卒業生ですね。ピア・サポートについて前から関心があったのですが、とてもよくわかりました。ナマの声も聞けて本当によかったです」などと、ほめていただきました。どの生徒もおおいに自信をつけたと思います。

　教育相談委員会主催の校内教員研修で、1年生のピア・サポートの必修の授業内容を、若い先生方による模擬授業というスタイルで実施したこともあります。これにより、今まで授業を担当したことのない先生方にもピア・サポートが身近になったことと思います。

　教員研修は、内容の充実はもちろんですが、何よりも楽しくワクワクできるものであることが大切だと思っています。忙しい日々の中で教員同士がつながり、お互いを認め合い、高め合う、そんな「教員間のピア・サポート」を育む場にしてこそ、学校は一層温かで安心できる空間になっていくのだと思うのです。みんなで知恵を集めて、良質な研修をめざしたいと思います。

5　トレーニングの実際
(1) 1年生全員へのプログラム

　「産業社会と人間」という総合学科の必修の時間を4時間使って、ピア・サポートの意味や歴史を簡単に学び、それを具現化するためのコミュニケーションスキルを学びます。

　①エゴグラムを使った自己理解・他者理解
　②対人関係力をつける。
　　a. 聴く力：人の話を「聴く」大切さとスキルを知る。
　　b. 話す力：気持ちを率直に、でも相手を傷つけず話す大切さと方法を知る。

　どのワークも、生徒は新鮮な驚きを持って取り組んでいます。「エゴグラム」では自分と他人の違いがくっきりと出ることをおもしろがったり、「聴く」では、「人の話をよく『聴く』ことが、相手を大切にすることになるし、相手を元気にする、と知ってうれしくなりました。私にもできそうだったからです」という感想もありました。「話す」では、アサーションの意味・スキルに光を見いだした生徒もいました。また、実は自分の気持ちに気づいていなかったことに気づかされた時間にもなったようです。

　2年生でさらに1〜2時間、「総合的学習の時間」に学ぶ

生まれています。

←ここが実践のポイント！
　どこの学校でも実施されている教員研修の場を「教員間のピア・サポートを育む場」にする工夫は、いろいろあるのではないでしょうか。温かな人間関係を育むことの安心感や充実感を体験している教職員集団は、ピア・サポートの意義を肯定的に受け入れるでしょう。

←ここが実践のポイント！
　よりよい自分づくりに取り組みたいという自己アイデンティティを確立する前青年期の若者にとって、エゴグラムやコミュニケーショントレーニングは、とても意味のあるものです。発達段階に適したトレーニングや意味づけの工夫がうまくなされています。

学年もあります。その内容は様々で、時間も内容も学年に任されているのが実情です。今後はこれも必修にしたいものだと考えています。

1年次も2年次も、ピア・サポートについて特によく知っている先生が担当しているわけではないので、その先生方へのレクチャーが必要です。現在は教育相談委員会のメンバーで、日本ピア・サポート学会のピア・サポート・トレーナー資格を持った教員2人が、その役割を担っています。

(2) 希望者（1～3年）対象のプログラム

希望者には30時間以上の「ピア・サポーター養成講座」を実施しています。30時間のトレーニングは、生徒がピア・サポート学会から「ピア・サポーター」の認定を受けることができる1つの条件でもあり、プログラムの目安として適当な時間でもあると考えています。この認定を受けることは、想像以上に生徒の励みになっています。

希望者の募集は、例年5月の連休の前後で、1年生も1回目のピア・サポートの授業を受ける時期です。ピア・サポーター養成講座の生徒たちが、自分たちでつくった「ピア通信」を全クラスに配りに行き、そこで宣伝をさせてもらいます。これも生徒の発案から始まったものです。みんなで手分けして今日は1年のクラス、明日は2・3年、というふうに出動していきます。生徒を送り出すとき、いよいよ今年も始まるな、とこちらも身が引き締まる一瞬です。

応募生徒の人数は、年度によって違います。はじめは3学年あわせて15人くらいでしたが、4年目には30人になりました。3年間、参加し続ける生徒が増えてきているのですが、行事やクラブとの時間調整がなかなか大変なので、夏休みに1泊2日の合宿を入れて、集中的に学ぶ時間をとるなどの工夫をするようになりました。

6月の懇談週間中の午後授業カットの日を皮切りに、土曜日の午後なども入れて1回3時間、月に2～3回で全8～9回トレーニングをやっていきます。トレーニング期間が終わると、1回50分程度の生徒の実践報告・相談会に変わりますが、最近はトレーニングの最後にも、少し時間をとって報告や相談を入れることが増えました。連続参加の生徒が増え、それだけ実践が活発になってきたからです。

←ここが実践のポイント！

学校の中でピア・サポートを牽引する教員が必要です。日本ピア・サポート学会の認定する資格を取得し、基本的なことを学ぶとともに、学会からバックアップを得ることができるようにすることで、安心して実践できます。また、世界や日本のピア・サポートの動向の情報を得て、さらなる実践を創造することができます。

ピア・サポート・トレーナーの資格を取得することで、生徒を学会認定のピア・サポーターに認定することができ、生徒の意欲やがんばりを支えることにつながります。

プログラムの基本的な骨組みは以下のとおりですが、参加生徒のレディネスや雰囲気で、毎年手直しをしています。心がけていることは、もっとねらいに適した楽しいワークがないか、いつもアンテナを張っていることです。

＜基本的な内容＞（　）内の数字は時間数
　①ピア・サポート概論（２）
　②自己理解・他者理解・プラスのストローク（６）
　③コミュニケーション（「聴くこと」「話すこと」）（６）
　④課題の解決（６）　⑤対立の解消（４）　⑥危機回避（２）
　⑦ピア・サポート活動計画(個人・チーム)（４）　以上30時間
　⑧スーパービジョン

　　　　サポーター養成講座の様子

◆ここが実践の**ポイント**!

　実施プログラムには柔軟性が必要です。柔軟に対応する中で、よりよいものが生まれたり、リスクを軽減したりすることができます。実践者には、常に現状を察知する力が必要です。

　参加生徒は、「ピア・サポはとにかく楽しい！」と言います。応募動機は、「人から相談されたときに、もっと、ちゃんと相談にのれるようになりたい」とか「何か、人の役に立ちたいと思って」という生徒もいれば、「人とうまくコミュニケーションがとれない」「人とかかわるのが苦手だから」という生徒まで様々です。自分を開く、他者が開く。自分の気持ちに気づく、他者の気持ちに気づく。そして寄り添う。また、聴く。話す。……様々なプログラムの中で、いつも変わらず丁寧に繰り返されるそうした経験が、生徒たちを変えていきます。

　「ピア・サポの仲間は、ともに考えを深め合いながら楽しくできて、すごく温かい気持ちになれました。自分の居場所があるって本当に大切なことだとわかりました。人とかかわるのがすごく楽しいなって思えるようになりました」

　まず、この養成講座自体が、安心して自分を出せる場所になっていることがよくわかります。そこで生徒たちが少しずつ枠を越えて、他人を受容しかかわる力をつけていっ

◆ここが実践の**ポイント**!

　個々の子どもたちの願いにマッチした活動であるからこそ、子どもたちはピア・サポートが大好きになります。そして、個々の願いを大切にする集団であることが、人への信頼感を育み、未来を拓く社会人としての成長を支えるのです。「ピア・サポートに出会ってよかった」という実感を育みたいものです。

第3章　高校のピア・サポート実践　*51*

ています。教員の側も力をつけて、この養成講座の火種を大切に育てていきたいと思いますし、生徒自身がお互いを育てる力をつけていけたらと思っています。

6 トレーニング後の活動内容
(1) 個人の活動
ここには書ききれませんが、羅列すると「あいさつをする」「みんなの様子をよく見て、ぽつんとしている生徒には声をかける」「相談にのる」「人の話をよく聴く」「休んでいる生徒にノートを見せる」「不登校気味の生徒にはメールするなど、出てきやすい雰囲気をつくる」などの活動をしています。それも、少しずつ内容が深まっていくのがわかります。「相談を聴くとき、座る場所を考えたり、繰り返し技法などを使ってみた」とか、「『こうしたら』ではなく『どうしたいの？』って言うようになった」「対立の解消を習ったので、クラブでやってみたら、初めて話し合いが成立した。本当にうれしかった」などです。

(2) 養成講座としての活動
生徒は、ピア・サポートの活動がどんなに楽しく充実しているか、みんなにもっと知ってもらいたいと広報に意欲的です。ビラやポスターづくり、1日ピア体験日の設定、新入生歓迎会でピア・サポート活動の紹介、オープンスクールで講座開催（中学生対象）などを実現させて、毎年やってきています。それに、相談箱を置いて、メールか紙上で答える相談活動を始めることになりました。かわいい箱もできあがっています（う～ん、大変だ！）。

また、新入生の宿泊学習に、ピア・サポート養成講座の卒業生を中心に11名の希望者がピアとして参加したこともありました。1日目の全活動の企画・運営をし、大活躍しました。

卒業生が新入生の宿泊学習に参加

新入生は「ただおもしろいだけじゃなく、ゲームでも炊事でも、困ってるなら友達に助けを求めようとか、協力しようとか、1つ1つに意味がありました（後

←ここが実践のポイント！

ピア・サポートのトレーニングによって、他者を支援する方法が変化していく様子がうかがえます。支援している状況を教師が把握することで、支援する側と支援される側のリスクが軽減するとともに、教師とサポーターとの良好な関係性を維持することにもつながります。

←ここが実践のポイント！

人は人を支援する中で成長します。卒業生が新入生の宿泊合宿に参加するにあたって、かなりの時間を使って事前準備がなされたことと思います。この努力があってこそ、新入生の学びを引き出す体験を生み出し、卒業生は「あこがれの存在」となり、卒業生の達成感をもたらしたと思います。効果的な取り組み

略)」と感激し、卒業生は「芦間の良さを伝えたくて参加したが、一番成長できたのは自分たちだと思う」と述べました。

大阪府・市教委の後援の「Weフォーラム つながりの中で生きる力を〜地域・学校・家庭で〜」で分科会「高校生が紡ぐピア・サポート」を立ち上げ、他校の高校生や大学生、そこに集う大人たちが交流を深め、活動報告する場を企画・運営もしました。生徒の世界が一層広がり、生徒が自信を深めた時間でした。

7　今後の課題とメッセージ

クラブや行事の盛んな本校では、秋以降は特に生徒も教員も時間をどう確保するかが難しいのが実状です。活動が深化する中で、スーパーバイズを丁寧にする時間をどう確保するかが課題となっています。

また、生徒の反応がとてもよく、成長も目の当たりにしてはいますが、今まで客観的な効果の検証をやってきませんでした。自己満足に終わらせないためにも、活動を補強するためにも、データをとり、それらを参考にして、一層、安心して自分を開くことのできる学校風土を、生徒と共につくっていきたいと思っています。

人とかかわる力を、自分が役に立てる力を、生徒はこんなに切実に学びたがっていたのだと改めて気づかされています。一緒にやってみませんか。

＜参考文献＞菱田準子、森川澄男監修『すぐ始められるピア・サポート指導案＆シート集』ほんの森出版、2003年

の条件には、この事前準備の充実が求められるところです。

📌 まとめのコメント

ピア・サポーター養成講座を"選ぶ"ことに魅力を感じて集まる「生徒」と、必修の時間を用意して教育内容を創りあげていく「学校」のマッチングによって、活き活きとしたピア・サポートを展開することに成功している実践です。

養成講座の卒業生たちが、ピア・サポートについての教員研修を実施してくれたという紹介がありました。これは、教師と生徒の関係を超え、すべての人間が共通して持つ良好な人間関係に裏打ちされた「自己実現の要求」を実現する、ピア・サポートならではの取り組みではないでしょうか。東日本大震災では、「他者への思いやりをベースに社会貢献できる若者」の存在が大きく伝えられました。この実践は、より積極的にそのような若者を育てるモデルとなる実践だと感じました。

最後に、萬田先生の学び続ける姿勢や幅広いネットワークづくりが、実践によい影響を与えていることを忘れてはならないでしょう。

養護教諭が行う
ピア・サポートプログラムの実践

近藤充代 愛知県立豊橋工業高校養護教諭　コメント：西山久子 福岡教育大学大学院准教授

【キーワード】男子生徒の多い高校でのピア・サポート／生徒保健委員会／養護教諭／
ピア・サポーターとピア・ユーザーの成長／活動を評価する

1 はじめに

　生徒保健委員会活動にピア・サポート活動を取り入れる試みを始めたのは、女子生徒の多い愛知県立豊橋商業高校でのことでした。ここでかなりの成功を収めることができ、気をよくしていたところで、2004年に愛知県立豊橋工業高校に転勤となりました。工業高校は男子生徒の多い理系の学校です。「男子へのピア・サポートの適応はあまりよくない」と言われていたので、ここでの実践は無理だろうと考えていました。

　県主催の研究大会（2005年）で生徒保健委員会活動にかかわる研究発表指定校となっていたため、「必要に迫られて」「ダメでもともと」と考え、取り組んだのがきっかけでした。男子の多い高校での実践を、ピア・サポートプログラムの流れに沿って紹介します。

2 導入

　実践に先立って、生活意識調査を行いました。調査から「学校満足度・精神健康度が低い」「携帯、テレビ、パソコンがコミュニケーション・ツール」「いじめ体験者が多い」という実態を把握して、対策としてピア・サポート活動が有効であると管理職・教職員に提案しました。前任校での成功例も示し、了解を得ることができました。特別、新しいことを起こすのではなく、従来から行っている教育活動をもとに行うことができる活動であると説明しました。

3 トレーニング

　保健委員会の定例会議ごとに保健室でトレーニングを行います。段階的に人間関係スキル、傾聴スキルが獲得できるように組み立てたトレーニングを4～10月までに10セッ

←ここが実践のポイント！
　学校の実態を把握するために調査を行い、そこから具体的なニーズを浮き上がらせ、それを提示するという「エビデンスに基づく提案」が行われています。この努力が、管理職や教職員の先生方から了解がとれた背景にあります。

←ここが実践のポイント！
　定例会議の機会にトレーニングを行うという、参加者に

ション行います。文化祭で行われる保健委員会の文化発表をグループ支援活動の1つと位置づけていますので、文化祭までに案内・誘導・解説など、文化祭発表時の対応に必要なスキルが身につけられるように配慮していきます。文化祭後は、学んだスキルを忘れてしまわないようにとの考えから、3セッションのフォローアップ講座を設けています（11〜1月）。いじめ体験の多い実態から、最終セッションに「対立解消・葛藤調停」を取り入れました。

とって新たな負担を軽減する工夫がなされています。

ここが実践のポイント！

活動がある程度進んだ時期に、全員で取り組む行事が設定されていることには、2つのメリットがあります。

①参加者にとって活動の目標になり、成果を振り返る等の評価がしやすくなります。

②教職員にとって、行事に参加している生徒たちの活動を通して、ピア・サポートの意義を理解する重要な機会になります。

ここが実践のポイント！

このようなトレーニングプログラムをつくることは頻繁に行われるようになりましたが、標準化されたプログラムをもとに自校のニーズを検討した上で必要なものを加えて「カスタマイズ」しています。ここが実践にかかわる関係者の「腕の見せどころ」だと思います。

トレーニングプログラムの内容は年度末ごとに見直して、改善し、トレーニング内容が生徒像から乖離しない工夫が必要です。

表1　トレーニングプログラム（2010）

回	ウォーミングアップ／主活動	トレーニングのねらい
1	保健委員会活動ガイダンス／ピア・サポート活動とは	仲間づくり／ピア・サポートの理解
2	バースデーチェーン／エゴグラム	仲間づくり／自己理解
3	呼吸法Ⅰ／トラストウォーク	リラクセーション／身をゆだねる体験
4	呼吸法Ⅱ・瞑想／聴く練習(1)　話の聴き方	リラクセーション／FELORの理解
5	呼吸法Ⅰ・Ⅱ／描画　らせんからイメージ	リラクセーション／他者理解
6	同じグループ集まって／聴く練習(2)　絵文字しりとり	ノンバーバル
7	開かれた・閉ざされた質問／一方通行・相互通行のコミュニケーション	5W1Hの理解／情報伝達に必要なもの
8	アサーション／聴く練習(3)　救護支援	さわやかな応答／上手な支援活動
9	3分で何人できるかな／聴く練習(4)　文化発表の対応	仲間づくり／上手な支援活動
10	ストレスチェック／ストレス対処法	ストレスタイプを知る／自己理解
11	同じグループ集まって／謎の宝島	ノンバーバル／情報の伝達、協力
12	フォーリングバック／聴く練習(5)　問題解決	身をゆだねる体験／問題解決のステップ
13	私のハート／聴く練習(6)　対立解消・守秘義務　1年の振り返り	今の心模様／アルの方式／活動の総まとめ

4 プランニング・支援活動

基本的には、「従来から保健委員として活動していることが支援活動だ」というとらえ方を前提に実践を行います。またそれぞれ自分でできそうなことを考えてプランを立て、実践しますので、無理なく自分の生活の中で行うことができます。個人で活動するものと、グループで活動するものに分けられます。個人で活動するものは、求めがない限り養護教諭は介入しませんが、グループでするものについては養護教諭が介入し、必要に応じてスーパービジョンを行います。

(1) 個人で行う支援活動
- けが人・病人の世話
- クラスの子に親切にする
- もめごとの仲裁
- 部活動やクラスの仲間づくりに役立てる
- 人の相談に乗る。話を聴いてあげる
- 自主的な早朝校門清掃
- 人の敬遠するような仕事を率先して行う
- 「出前授業」など専門科の授業に役立てる
- あいさつを心がける
- トレーニングを友達とやってみる
- 対外的なボランティア活動に参加する

(2) グループで行う支援活動
- 市主催の「善意フェスティバル」に参加する
- 研究大会でピア・サポートについて研究発表をする
- 文化祭で健康啓発にかかわる文化発表をする
- 保健室登校生徒のグループ支援

(3) 事例報告
①ピア・サポーターの成長

事例1　家庭と学校に挫折感を持っていたA君

A君は1年生から自ら希望して保健委員になりました。まじめに出席するものの、精彩がありません。事前に行った心理テストの得点「人間関係尺度（15）」「自尊感情尺度（22）」が低く、トレーニングの「思い出の1シーン」では、中央に描かれた樹が、途中で折れているという一見して挫折体験を感じさせる寂しい絵を描いていました。振り返りシートも簡単な単語が書かれているのみでした。

トレーニングを進める中で筆者との関係性が深まり、A

←ここが実践のポイント！

「保健委員として活動していることが支援活動だ」と位置づけることで、誰にとっても抵抗感なく支援活動に入ることができます。また、より高いレベルの援助が可能な生徒の活動も評価することができます。

今後、個人レベルの活動も含めてスーパービジョンを構造化し、「報告・連絡・相談」が適宜行われるようにすると、さらに充実すると思われます。

また、プランニングを行う際の基礎情報として、個人・グループに分けて、支援活動例を示すことで、アイディアが思いつきにくい生徒たちも、具体的な活動を決めやすくなります。

君の問題が明らかになりました。家族の問題で悩んでいたことと、コンピューターのプログラマーを夢見て本校に入学したものの、その力を伸ばせる授業科目や部活動が見あたらないことで失意の日々を送っていたのでした。

A君への個別対応としては、得意なパソコンの技術を生かし、統計班の班長として活躍してもらうことにしました。A君は、保健研究大会での発表資料のデータ処理などで中心的な役割を果たしました。トレーニングと併せてこのような活動を続けたところ、トレーニング終了時には、心理テストの得点が「人間関係尺度（23）」「自尊感情尺度（27）」と上昇していました。さらに6か月後のフォローアップ時には、上昇したスキルが「人間関係尺度（20）」「自尊感情尺度（26）」と維持されていることがわかりました。

その後、3年間保健委員として活躍し、ピア・サポートの対外的なワークショップに参加するなどの意欲を示すようになりました。そして、3年生時には保健室登校生徒への支援を行うことができました。「思い出の1シーン」ではプログラマーを目指して進学する学校の試験官と面接するシーンを描いていました。また、振り返りシートの記述は豊かになっていきました。3年生時には、「人間関係尺度（26）」「自尊感情尺度（31）」とさらに上昇していました。

②ピア・ユーザーの成長

事例2　アスペルガーと診断され、保健室登校だったB君

B君は2年生時、体育大会の障害物競走で失敗したことがきっかけで、クラスメイトの視線がとても気になるようになりました。こだわりが強くなり、ノート書きも何度も確認しないと進めることができなくなりました。「死ね！おまえがいると迷惑だ」と言われる夢を見るようになり、紙くずを踏めば、友達の弁当を踏んでしまったのではないかと思って何度も確認するようになりました。くどい手洗いや、音に敏感になる症状も出始めました。教室で友達と会話することがとても苦痛になりました。

メンタルクリニックを受診したところ、B君は「アスペルガー症候群」と診断されました。スクールカウンセラーのカウンセリングも受け、相談室登校となりました。そのうち解離性転換発作が起きるようになり、保健室登校になりました。

保健委員たちとは嫌でも保健室で出会うことになりま

◆ここが実践のポイント！

心理テストの客観的尺度と先生の継続的なかかわりによるアセスメントによって、A君への具体的な個別対応を考え、改善を確信することができています。

成功したケースは、後出の（注）に本人から了承をとった旨の注記がありますが、個人情報を尊重したうえで、このようにわかりやすくまとめておくことで、先生方の協力を得る際の成果の例として活用することが可能になります。

◆ここが実践のポイント！

医療機関で診断を受ける状態にある生徒への支援については、慎重な対応が必要です。特にここでは養護教諭とスクールカウンセラーのよう

す。当初は保健委員の存在をB君は嫌っていましたが、スクールカウンセラーのすすめもあり、保健委員たちにB君の支援を依頼することにしました。

支援する際、以下の点について気をつけてもらいました。

・支援されていると気づかれないように接する（シークレットバディ式援助）。
・支援活動は保健室内で養護教諭の見ているところでグループで行う。
・気がついたら話ができる友達になっていた、というように接する。

保健委員たちはすぐに理解を示し、行動を開始しました。

パソコンが得意なB君に、委員長のA君（事例1のA君）は、パソコンで作成する保健データやパワーポイントの資料作成などを相談していました。鉄道マニアのB君に、オープンキャンパスが行われる大学までの行き方について尋ねる子もいました。

自分の得意な分野のことを聞かれたB君は、とても生き生きし始めました。適切な回答ができるB君のことを、保健委員たちも感心するとともに、「B君って、スゴーイ！」と尊敬する子も現れました。準保健委員としてトレーニングにも参加しました。3か月後には、保健室登校している理由を保健委員たちに自ら話すようになっていました。

B君は無事学校を卒業し、鉄道マンとして立派に働いています。（注）2事例とも本人の了承を得て発表しています。

5　評価・スーパービジョン
(1) 評価

活動の適応がなされているかを評価するために、プリテスト・ポストテスト法、自己報告法（アンケート）、事例研究法、振り返りシートの記述内容の検討を用いて評価を行っています。また年度の終わりに当たって、活動の評価・反省を行うために、学校保健委員会で1年間の活動報告を保健委員が行っています。

①プリテスト・ポストテスト法

3種の心理尺度「人間関係尺度（國分）」「自尊感情尺度10項目版（ローゼンバーグ）」「GHQ（ゴールドバーグ）」を

なメンタルヘルスの専門家のバックアップを受けながら支援活動に合流することが重要です。

← ここが実践のポイント！

ここで養護教諭から3つの適切な助言が行われています。「人は助けられるより助けたいものである」とよく言われますが、サポーターたちは先生の指導の意をくみ、積極的にB君がサポーターたちの疑問に答えるような場面をつくっています。

← ここが実践のポイント！

評価の検証において、慎重に4種類の評価の軸をもって検討しています。

生徒の中には言語化の得意な生徒も、そうでない生徒もおり、それに対して客観的視点と主観的反応とがともに得られる工夫がなされています。

用いて効果評価を行っています。トレーニング前・トレーニング後・フォローアップ時（3か月後）に測定をします（2005年のみ6か月後）。

　②振り返りシートの記述からの評価

　トレーニング1セッションごとに実施する振り返りシートの記述を検討することにより、トレーニングの習得状況、意欲・興味・関心の状況、プログラムの問題点について指導者が確認することができます。

　③自己報告法（アンケート）

　全トレーニング終了後にアンケートを実施します。活動の総振り返りとして、生徒がトレーニングを評価するものです。「トレーニングを受講してよかったか」「ピア・サポートについて理解できたか」「トレーニングの中でよかったもの」「説明・資料・時間・回数はどうであったか」の質問項目を設定し、その理由や改善点については自由記述とします。このアンケート結果から、トレーニングの有効性、問題点を検討して次年度のプログラムを組んでいきます。

　④事例研究法

　特異な事象が起きた場合、事例に対して綿密な調査・テスト・面接・観察などを適用し、子どもの成長発達の過程を検証していきます（本稿　事例1・事例2参照）。

　⑤学校保健委員会での報告

　年度の終わりに開かれる学校保健委員会で、1年間の活動報告を保健委員が行います。そこに参加している管理職・学校医・保護者から評価されることで、生徒に自信をつけさせ、活動意欲を高めることができます。支援活動の部分は、「実践して終了」という形になりやすく、評価につなげることが難しいところがあります。この問題を改善するために、この場の設定をしました。

(2) スーパービジョン

　既存の委員会活動にピア・サポートを取り入れる形であるため、学校に適応しやすい利点があります。もともと保健委員として実践していた事柄なので、特別な意識を持ったり、集団から浮き上がったりというようなピア・プレッシャーのリスクは低いと感じています。また、養護教諭と保健委員という独特の関係性は、スーパービジョンを行いやすい環境です。支援活動中に「巻き込まれ」の事態が起きたとしても、早期に発見して手だてを講ずることができ

←**ここが実践のポイント！**

　生徒たちの変化を把握することに加えて、プログラムの問題点を定期的に把握できるように、効果の測定を定例化しています。これによって、成果の把握と課題の明確化を常に行うというシステムが回ることになります。

←**ここが実践のポイント！**

　課題が重く、「チームで支える」ほうが好ましいケースが事例として取り上げられています。

　教育相談担当者等と連携し、気になる生徒をこの活動に「いざなう」ことにより、現場ではなかなか実施することが難しい事例検討を行う契機にもなります。

←**ここが実践のポイント！**

　「課題が大きくなった折には養護教諭が介入する」と明確にすることは、周囲の教職

第3章　高校のピア・サポート実践　59

ます。保健室に行けば、いつでも養護教諭はいるという環境、養護教諭の職務そのものが生徒に対するスーパービジョンだと考えています。

6 終わりに ― 効果を上げるための秘訣

活動を始めた2005年の、プリテスト・ポストテストで、トレーニング後・フォローアップ時（6か月後）にはトレーニング前より3尺度とも有意に向上していることが認められました。さらに1年後、活動を続けている生徒（継続群）と活動を中止した生徒（中断群）の変化も比較したところ、人間関係尺度と自尊感情尺度は両群に差がないことがわかりました。つまり、1年間の活動サイクルによるピア・サポートプログラムを体験することによって上昇したスキルは、その後の活動の継続の如何にかかわらず保たれていることが確認できたのです。この結果により「男子校でも十分に適応する」という確信を持つに至り、7年間継続しての実践を積み重ねることができたのです。

男子校だからと特別な配慮をしたわけではありません。前任校とほぼ同等の実践スタイルを踏襲しました。ただ、男子の特性、所属する学校の風土というものをつかんだ上でプランを立てていくことが大切だと思います。トレーニングで言えば、ゲーム式のものを好み、ロールプレイにはなかなか取り組もうとしません。気が乗らないと、寝そべったり、そっぽを向いたりし始めます。それでも出席してくれたことに感謝して、トレーニングを続けます。

振り返りシートも簡単な単語が書かれていることが多いのですが、興味を持ち始め、経験を重ねていくと、記述が豊かになっていきます。トレーニングには無気力でも、支援活動に入るとガラリと姿勢が変わるのも男子の特性です。実に適切に行動ができるのです。「やんちゃ」と言われる子どもに、その傾向が強いようです。

授業後のトレーニングは、部活動などの兼ね合いもあり、参加が大変なときもあります。昼食をとりながらでもできるワークは「ランチョンセミナー」として昼食時の時間を利用して行うなどの工夫をしています。欠席者は、保健室当番のときに補充をするので、出席率は70～80％程度を保つことができています。

効果を見るためにとる心理テストや調査も、なるべく個

員が「安心感の持てる体制だ」と感じることにつながります。

その一方で、今後担当者が変わることもあるので、他の担当者や後任の方への引き継ぎのためにも、ピア・サポートプログラムにおける養護教諭の活動内容を整理し、文書化しておくのが好ましいでしょう。

← ここが実践のポイント！

成果のデータ化を経年的に積み上げたことが、継続的な実践を進める上で役立っています。

工業科の強みを生かして、生徒たちの中に統計班をつくり、さし障りのない範囲のデータ入力などにも参画する機会を得たことが、本人に活躍の機会を提供することになっています。

← ここが実践のポイント！

昼食時間を活用したトレーニングは、部活に忙しい生徒をとりこぼさないための工夫です。

人に返すことが大切です。データから「こんなによくなっているよ」とプラスのストロークを送り続けます。学校の日常の中での養護教諭と保健委員との関係が豊かで心地よいものになり、「自分は大切にされている」という思いが生徒の自尊感情や、対人関係能力を育てるのだと思います。

工業系の高校は、科ごとの独立性が高く、ピア・サポート活動を学校全体に広げていくことには難しい課題があります。養護教諭の専門性の中で立ち上げた筆者のようなケースでは、特にそういう傾向があります。しかし、活動によって子どもが確かによくなっていると認識され始めると、有形無形の協力が得られるようになります。そのためには、「実践し続ける」「情報を発信し続ける」ことが大切だと思います。

現在、学校全体に広げていく方策として、生徒会活動との協働を行っています。市主催の「善意フェスティバル」への生徒派遣事業で、参加予定者の事前指導としてピア・サポートトレーニングの一部を行っています。この事業はピア・サポート活動なのだと意識して参加してもらうのです。2011年は100名を超す生徒がトレーニングを体験しました。

ピア・サポート活動は、どのような学校であっても、その学校の実状に合ったプランを立てることによって、実施可能な教育活動になります。カリキュラムや生徒たちの傾向が異なる2校の高校でのピア・サポートの実践を通して、それを強く実感しています。

◀ここが実践のポイント！

学科やコースが多い学校にありがちな、独自性による活動推進の難しさを、生徒たちのよい変化を辛抱強く伝えることで乗り越えています。

また、ともすれば保健委員の校内での活動が中心になりがちですが、生徒会と協働し、コミュニティから評価が得られる体験をすることで、ピア・サポート活動を広げる契機にしています。校内での活動がある程度定着したのち、地域などの外部と連携することは、生徒たちに新たな成長をもたらすチャンスです。着実に実践を積み上げて、長続きする地域との連携にしたいものです。

📢 まとめのコメント

本実践は、校内で一人職であることが多い「養護教諭」によって実践された、ピア・サポート体制の構築の一例です。活動開始以来、数多くのトレーニング受講者を輩出しており、学校風土の向上にも貢献しています。①管理職への提案、②負荷の調整、③エビデンス主体の成果検証、④生徒会など他との協働という4つのポイントを押さえ、保健室からスタートしたピア・サポートは、全校への浸透を目指すことができるようになりました。もし、当初から全校という大きな活動の枠組みで実践していたら、誰かに負担が集中するなどの弊害が生じていたかもしれません。しかし、近藤先生が着実に少しずつ実績を積み上げてきた点が、この取り組みの成功の秘訣と言えるでしょう。今後は担当者の異動などの「ハプニング」をどう克服するかが大きな課題になるでしょう。

コラム

不登校の経験がプラスになるとき

瀬戸隆博　クラーク記念国際高等学校　所沢キャンパス長

【キーワード】　サポートする高校生の変化の様子／サポートされる不登校児童生徒への効果

　不登校経験のある高校生が、現在不登校の児童生徒に対して、再登校できることを目的とするピア・サポート活動に取り組んでいます。この活動によって、数多くの児童生徒の学校復帰が実現しています。

　ピア・サポート・トレーニングの中心は、コミュニケーションスキルです。不登校のきっかけを「対人関係」と答える生徒が大半を占めるなか、「人とどう話したらよいのか」「人からどう思われているのか」という悩みを軽くするヒントを学んでいきます。

　コミュニケーションスキルを磨くことで、「人の気持ちを考え」「つきあっていく」姿勢が身についていきます。そして、彼らは高校卒業後も、年齢の異なる同級生に自ら関係を築こうとするときや、人をまとめていくときに対立解消スキルを役立てるなど、生き方に大きく反映させていると語ります。

　しかし、この活動の効果は、トレーニングの内容以上に活動そのものにあります。サポートされる小中学生は、高校生の「優しい話し方」や「上手な相づち」に心を開くとともに、「自分もそうなりたい」という気持ちを抱きます。

　ふだん学校に通っていない不登校の小中学生は、身近に見本となる同級生や先輩がいないため、服装や話し方や趣味まで、ピア・サポーターの高校生に似てくる傾向があります。高校生を自分自身のモデルとして見ていることがわかります。それは、「不登校を経験しても、あのような高校生になれる」という身近な目標となり、中学校への進学意欲が高まります。この取り組みにかかわった中学生たち全員が高校進学を果たしました。

　また、サポートする高校生も、ピア・サポート・トレーニングを通じて、過去の不登校時代の昇華・克服が可能になりました。現在苦しみの中にある小中学生に寄り添うなかで、マイナスな経験だと思っていた不登校が、「あの経験があるからこそ、他人の気持ちがわかる今の自分がいる」⇨「自分の中では大事な経験だった」⇨「不登校の経験を生かしたい」と、今の自分を肯定的にとらえる軸に変わっていくのです。

　「学校を休むことは怖くない」と言った生徒がいました。「一度休んだら、もう学校へは行けなくなってしまう」という思い込みから解放され、「いつでも学校に登校できる」という自信がついたのでしょう。

　サポートする側もされる側も、お互いにプラスになるピア・サポート活動を通じて、不登校はマイナスではなくプラスに変えることができるのです。

コラム

進学校におけるピア・サポート活動の継続
忙しくても続けていくために仕掛けていくこと

大西由美　岡山県立岡山朝日高校教諭

【キーワード】　継続のための工夫／「集中型」トレーニング／後継者の養成

　岡山朝日高校では、「あたたかな学校風土の構築」を目指して、2007年度からピア・サポート活動に取り組んでいます。始めて3年目までは「分散型」のトレーニングを計画し、実施しました。しかし、年々忙しさを増す普通科進学校の行事計画の中に、トレーニングを組み込み、またフォローアップセッションを確実に実施することは次第に困難になっていきました。その主な原因は次の2つです。

①「分散型」トレーニングでは日程の調整が難しいこと。
②指導者が限定されて広がりにくく、後継者の育成ができにくいこと。

　この問題点に改善を加え、継続していくための細かな工夫（外部講師活用・ワークブックの利用など）も行い、2010年度は次のような新しい視点を持って実践しました。

①「集中型」トレーニング（2日間ワークショップ形式）を行う。
②複数の指導者で実践を促進し、多くの先生方に実践を見ていただく。
③日本ピア・サポート学会のピア・トレーナー養成講座に、新しい人材を継続的に派遣する。

　この取り組みによって、前年度の7名を大きく上回る19名の生徒がトレーニングをすべて受け、プランニング後、何らかの活動を実施できました。アセス（ASSESS：6領域学校環境適応感尺度）の検定では、トレーニング後の生徒の「学校適応感」は大きく伸びていることがわかりました。また、フォローアップセッションも複数の指導者によって実施することで充実させ、来年度以降も活動したいという強い意志を持ったサポーターを育てることができました。先生方も、指導の当事者という意識が高まり、全体が活性化しました。

　岡山朝日高校のような普通科進学校の生徒たちは、将来社会のリーダーとして活躍することが多いと思います。進学校の生徒たちが、継続的にピア・サポート活動を行うことは、「あたたかな学校風土の構築」とともに、社会のリーダーの育成につながると考えています。その意味でも工夫改善しながら続けていくことがとても大切です。

　今後も「集中型」トレーニングでピア・サポーターを育てるとともに、指導者の育成も広く呼びかけて続け、進学だけでなくピア・サポート活動の実績も高めていきたいと考えています。

コラム

ピア・サポートの教育課程への導入の可能性
高校での選択授業「ピア・サポート」の取り組み

西山久子　福岡教育大学大学院准教授

【キーワード】　コース制高校／ピア・サポート導入の根拠／各自の課題設定と調べ学習

　高校において社会性を高めることは、進学のいかんにかかわらず、将来の社会適応に大きなメリットをもたらすと考えられます。ここでは中堅私立高校での選択授業「ピア・サポート」について紹介します（下表参照）。

　コース制を敷いている実践校では、「大学進学」「調理士免許取得」など明確な目標設定で学校に適応したり、部活動に熱中している生徒も多い一方、目標が持てない生徒もおり、生徒たちの学校生活へのモチベーションには個人差がありました。そこで、選択授業導入による活性化が計画されました。

　筆者は専任スクールカウンセラーとして、教務担当にピア・サポートを選択授業に導入するよう提案しました。その根拠として、①人間関係での適応は学校適応感に大きな影響を及ぼすこと、②人間関係について学ぶ機会は意外に少ないこと、③人間関係に配慮できる生徒が増えると学級全体にも波及効果が予想されること、などを伝え、導入が決定しました。

　入学後のオリエンテーションで10科目の選択授業リストを配布し、各担当者が簡単な説明を行いました。ピア・サポートの説明については、将来の進路に対人援助職を考えている生徒、友達の話を上手に聴けるようになりたい生徒などに向けて選択を勧めました。

　授業は、ピア・サポートの基本的な傾聴訓練や他者との接し方を演習し、それをポートフォリオ形式でまとめつつ、自己理解⇒他者理解⇒支援活動⇒調べ学習の順に進めました。調べ学習では各自が自分の課題を設定し、進路や部活動などに役立つよう整理していきました。テーマには「試合前のリラックス法」「ペットロスの克服」「いじめ防止ガイドライン」等があり、年度末にポスター発表を行い、相互評価をして授業を締めくくりました。

　振り返りシートによると、生徒たちは自分の人間関係の傾向を理解し、望ましい他者とのかかわりの持ち方について考えられるようになっていました。異なる考えの他者を受容したり、いじめが起こりそうな雰囲気を察して担任に相談したりといった行動も喚起されていました。

　課題としては、カリキュラムの改善、授業内容のさらなる検討、成果の実証化が挙げられます。

授業題目	選択「ピア・サポート」	カリキュラム	内容（活動の例）
対　象	私立高校1・2年生	第1クール：自己理解	エゴグラム、傾聴訓練、リラクセーション
授業担当	専任スクールカウンセラー	第2クール：他者理解	アサーショントレーニング、グループ演習
実施期間	通年週2時間35回	第3クール：支援活動	もめごと解消、問題解決の相談、守秘義務
受講人数	平均17名（男4：女6）	第4クール：調べ学習	各自のテーマで対人援助について調べ学習

第4章 大学のピア・サポート実践

ピア・コミュニティの活動で「学生が学生を支援する」学生文化の構築を

早川亮馬 関西大学 学生サービス事務局 学生生活支援グループ　コメント：森川澄男 育英短期大学教授

【キーワード】学生総ピア・サポータ／ピア・コミュニティ／社会人基礎力／居場所／正課教育科目

1　はじめに

　関西大学におけるピア・サポート活動の始まりは、平成19年度文部科学省「新たな社会的ニーズに対応した学生支援プログラム」（学生支援GP）において、本学のプログラム「広がれ！ 学生自立型ピア・コミュニティ〜関西大学で育む21世紀型学生気質〜」が採択されたことに端を発します。

　本学では、昭和30年より「学生生活実態調査」を実施しています。この調査の目的は、本学学生の生活実態を的確に把握するとともに、正課教育の状況、課外活動やボランティア活動の実態、学生の福利厚生に関する基礎資料を収集し、学生生活や修学をサポートするための施策を迅速に立案・実施するためのものです。

　近年の調査からは、①正課教育を重視する学生の増加、②課外活動に参加する学生やアルバイトを行う学生の減少、③大学帰属意識の希薄化、④学内における居場所の欠如など、今日的な学生意識の特徴を読み取ることができます。こういった現代の若者気質とともに、本学特有の学生気質や学生文化が失われていくことは望ましいことではないと思料していました。

　そこで本学では「ピア・サポート」に着目し、旧き良き時代の学生文化を復興するのではなく、21世紀にふさわしい学生文化の構築を目指し、また学生自らが積極的に活動できる大学環境の創造、【ピア・コミュニティ】[注1]の創造を目指して、取り組みを始めました。

　注1【ピア・コミュニティ】とは、主に学内でのピア・サポート活動において、共通の関心を持った学生がグループ（＝コミュニティ）を形成し、大学教員や事務職員と連携を図りながら（〔大学教員－事務職員－学生〕が三位一体となり）、組織的なピア・サポート活

← **ここが実践のポイント！**
文部科学省学生支援GP第1回に取り上げられた実践です。

← **ここが実践のポイント！**
学生の実態を把握し、その課題を踏まえてピア・サポートを導入しています。この流れが大切です。

← **ここが実践のポイント！**
「ピア・コミュニティ」という新しい発想に注目です。

動を実践する学生の集合体を意味します。また、個々のピア・サポートが重層的に積み重なって学生相互支援のコミュニティが創造されてほしいというイメージが込められています。

2　取り組みのねらい

(1)　「学生総ピア・サポータ体制」の実現

「学生が求める学生支援を、学生自らが実践する」、すなわち「ピア・サポート」(学生同士の支え合い)による「学生支援」を学内に推し進め、教職員と学生の協働、そして学生の自主的・主体的な判断の下に学生自らが必要とする学生支援を、学生生活上の様々な領域において展開するものです。また、学生の多様性・個別性への対応が迫られている学生支援の分野においては、ピア・サポータとして活動する学生たちの力によって、よりきめ細やかな学生支援が可能となり、学生支援の質と量の向上を目指します。

(2)　「社会人基礎力」の向上

本取り組みは「教育プログラム」であり、「社会人基礎力」を養成するためには、正課教育・正課外教育(課外活動を含む)の両面から教育効果をもたらすことが必要となります。そのため、正課教育を受講した学生がピア・サポート活動を実践することで、その活動を通して豊かな人間力(21世紀型学生気質)、そして本学独自の知・徳・体を融合する学生文化(学生が主体性をもって構築する大学環境)を育みます。

◀ここが実践のポイント！
正課教育と正課外活動との両面からアプローチしています。

(3)　「帰属意識・愛校心」を持った学生の育成

ピア・サポート活動を通して「学生から関大生」へと行動変化を促すことで、本学独自のアイデンティティを形成し、学生の満足度の向上を図ります。そして、関西大学を卒業した後も、母校に気軽に立ち寄ることのできるプラスのサイクルを構築します。

◀ここが実践のポイント！
ピア・サポート活動は、「自校で学ぶプライドづくり」にもつながっていきます。

(4)　「居場所」の創出

本学の「学生生活実態調査」(平成19年度)によれば、クラブやサークルに所属している学生は全体の55.2%にすぎません。クラブやサークルに所属していない学生は、大学キャンパス内に自らの「居場所」を持たず、大学不適応の状態になっている者も少なからずいると思われます。また、クラブやサークルに所属していない者は、その理由として「入りたいクラブ・サークルがない」等を挙げており、

◀ここが実践のポイント！
「居場所づくり」が重視されていますが、これはどの学校でも重視される視点でしょう。

学内における新たな「居場所」の提供とともに、従来とは異なる課外活動のあり方を提供します。

3　4年間のあゆみ

本学の教職員や学生の多くは、「ピア・サポート」という言葉を、平成19年度に初めて耳にすることとなりますが、学内への導入方法や周知方法については、学生センターを中心にして、慎重かつ段階的に進めました。

ピア・コミュニティのあゆみは、次のとおりです。

【平成19年度】
① 「学生支援室」を設置。大学院生を配置し、正課教育および正課外教育（ピア・サポータ向け研修制度等）の構築をはじめ、ピア・サポートの効果査定、実態調査、研究活動を実施。
② すでにピア・サポートを導入している他大学や日本ピア・サポート学会から講師を招聘し、本学の教職員・学生を対象とした研修会や勉強会を実施。

【平成20年度以降】
① 正課教育科目「関西大学におけるピア・サポートを考える」を開講し、単位取得者に対して、学長から「関西大学ピア・サポータ」認定証を授与。
② 「関西大学ピア・サポータ」として認定された学生を中心にして、「ピア・コミュニティ準備会」を発足。
③ 「ピア・コミュニティルーム」（PCR）を設置。
④ 「関西大学ピア・サポータ」と事務組織（主に学生支援部門）が連携し、ピア・サポート活動を展開。なお、その活動分野に必要な資質を備えるために、適宜研修会を実施。
⑤ 「ピア・コミュニティ」を創設。

ピア・コミュニティで活動するピア・サポータ（学生）は、「代表者会議」という機関を設置することで、ピア・コミュニティ間の連携や情報の共有を図っています。

また、大学（教職員）も学生と同様に「学生支援運営会議」や「ピア・コミュニティ担当者打ち合わせ会」等を開催することで、教職員間での今後の課題や情報の共有を図り、その活動について随時見直しを行いないながら、ピア・コミュニティを支援する体制を整えています。

←ここが実践のポイント！
年度ごとの達成目標を設定し、支援体制を整え、徐々に学内に浸透させています。このように段階的に進める方法は参考にしたいものです。

←ここが実践のポイント！
先行実践から学んだり、学会から情報を集めることは大切です。

←ここが実践のポイント！
正課教育科目と連動し、学長から認定証が授与されています。学内の調整がうまくいっている表れです。

←ここが実践のポイント！
ピア・コミュニティの活動拠点を設置する意味合いには大きなものがあります。

←ここが実践のポイント！
「代表者会議」の設置により、理念・情報の共有化ならびにピア・コミュニティの支え合いを実現しています（大学教員・事務職員の支援体制と学生の実践との協働作業）。

組織名	支援部署	活動目的
ピア・コミュニティ運営本部 ＊平成21年3月発足	学生生活支援グループ	・学内にピア・サポートの意識を広める ・他のピア・コミュニティを支援 ・学生を関大生へと意識改革させる
国際コミュニティ"KUブリッジ" ＊平成20年8月発足	国際教育グループ	・留学生の学生生活の充実を図る ・留学生と日本人学生の異文化交流を促進 ・日本人学生の留学を支援
ぴあかんず ＊平成20年8月発足	学生生活支援グループ	・広報誌「ぴあかんず」の発行
ピア・スポーツコミュニティ ＊平成20年12月発足	スポーツ振興グループ	・スポーツを通じて関大生の絆を構築 ・在学生や卒業生、地域の方々との連携
KUコアラ ＊平成21年7月発足	図書館事務室	・図書館利用の支援 ・利用者にとって快適な図書館の創造
KUサポートプランナー ＊平成21年7月発足	学生生活支援グループ	・各種プログラムを通じた関大生の交流や自己啓発を促進 ・文化・学術活動の課外活動団体を支援
KUサポーターズ ＊平成21年11月発足	学生生活支援グループ	・関大生を対象にした学生相談 ・各種ワークショップの実施
i.com ＊平成22年6月発足	システム管理課 システム開発課	・課外活動団体の広報活動（HP等）を支援 ・各種講習会の実施

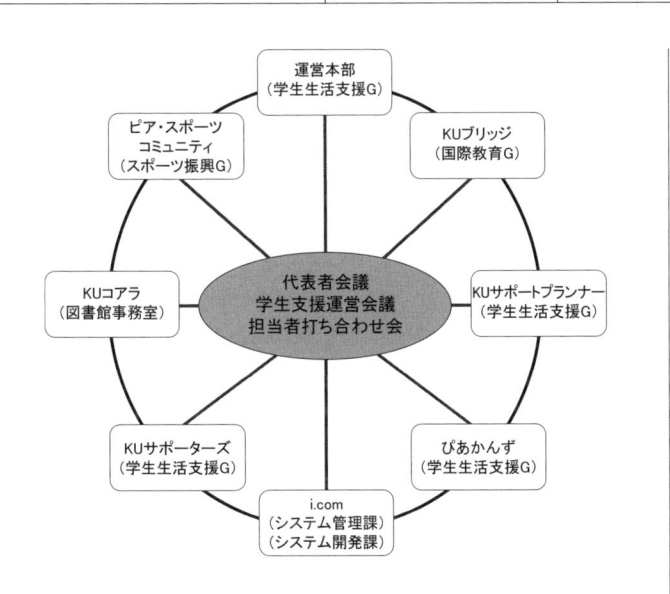

4 取り組みの成果

本学に最初の「ピア・コミュニティ」が創設されてから、早4年目を迎えました。これまでのあゆみを振り返ると、その成果は以下の5点に要約できると思います。

(1)「社会人基礎力」の向上

ピア・コミュニティに所属する学生たちは、教職員や大

◆ここが実践のポイント！

どの大学にとっても、社会

学院生からの支援を受けて、自らの手で組織を立ち上げ、その組織の運営のすべてを学生たち自身が担っています。このことが学生たちの社会人基礎力の向上に与える効果は計り知れないでしょう。また、組織の立ち上げや運営には多くの困難が伴うものです。大学卒業後に1人の社会人として仕事を遂行する上で、その経験がおおいに役に立つことでしょう。

このほか、正課教育科目「関西大学におけるピア・サポートを考える」も、社会人基礎力を向上させる大きな要素となっていると考えています。本授業において様々なスキルを身につけることは、その後の活動に大きな影響を与えており、正課教育・正課外教育（課外活動を含む）両面からの教育的効果によって、社会人基礎力が向上しています。

(2) 「居場所」の提供

新たな課外活動団体とも言えるピア・コミュニティは、ピア・コミュニティルーム（PCR）を活動拠点として、様々な学生支援活動を行っています。このPCRは、ピア・コミュニティに所属する学生以外にも、多くの学生たちにとっての「居場所」としての機能を有しています。ここを訪れる学生たちからは、「ピア・コミュニティの活動に携わるようになって友達が増えた」「信頼できる人間関係を得ることができた」との声をしばしば耳にします。

このように、新たな「居場所」を提供することが、大学不適応を低減する上で重要な機能を果たしています。

(3) 人的資源の拡大

現在、8つのピア・コミュニティが組織化され、100名（2011年1月末現在）の学生がピア・サポータとして活動しています。この中で、支援される側であった学生が、支援する側の学生（ピア・サポータ）へと行動変化を起こすことが起こっています。それは大変喜ばしいことであり、こうした流れを支えているのは、ピア・サポータたちによる継続的な企画の実施や、地道な広報活動の積み重ねの結果でしょう。

また、ピア・サポート活動により、学内に学生支援の風土が育まれつつあり、ピア・コミュニティに所属していない学生が、他の学生の支援を行うケースが見受けられます。ピア・サポートの様々な活動は、学生間の距離を縮めるだけではなく、本学に対する帰属意識を高揚させ、大学

人基礎力の向上は大きな課題です。多くの大学関係者に、この実践を知ってもらいたいものです。その際、ピア・サポートを正課教育科目に組み込んだことを見落としてはならないでしょう。

◀ここが実践のポイント!

PCRという「物理的な居場所」が、そこを拠点に行われる学生の交流（人間関係の育成）により、「心の居場所」にもなっています。また、ピア・コミュニティに所属していない学生をもひきつける「居場所」になっていることにも注目です。

◀ここが実践のポイント!

100名というのは大変な数ですが、全学生数と比較すると、0.4％にも満たない数です。ほんの少数の学生の行動変化が、学内に学生支援の風土を生む──ピア・サポート活動の底力がここにあります。

全体で仲間をサポートする姿勢の涵養につながっていると感じます。

(4) 学生のニーズに適合した学生支援の提供

学生のニーズを最も把握しているのは学生自身です。教職員では得難い、学生ならではの学生支援の切り口を、ピア・サポータは提供することができます。

例えば、「ピア・コミュニティ運営本部」が実施している「関大県民バイブル～Enjoy☆一人暮らし～」では、地方出身者を対象に「関西圏の有名な観光地紹介」や「一人暮らしの豆知識」等を掲載したパンフレットを制作・配布しています。学生が訪れたいと思うような観光地を知っているのは学生自身であり、また一人暮らしに関して役立つ情報を持っているのも一人暮らしをしている学生、先輩でしょう。このように、教職員では難しい支援策も含めて、学生のニーズに適合した、学生ならではの学生支援を提供しています。

←ここが実践のポイント！
大学生ならではの豊かな発想を活かし、教職員の予想を超えた多用な活動が生まれています。
見守りながらも「任せる」ことで、ピアの力をうまく引き出しています。

(5) 学生と大学（教職員）との連携の促進

従来からある課外活動団体（クラブやサークル等）とピア・コミュニティを比較して最も異なる点は、ピア・コミュニティは学生と大学（教職員）との協働のもとで行われる活動であるという点にあります。

ピア・サポータからは「ピア・コミュニティの活動に携わるようになって、教職員との距離が縮まるのを感じた」との声をよく耳にします。教職員にとっても、学生との連携を通して学生の声を直接耳にする機会が増大しています。学生と教職員が一丸となって、よりよい大学を築くためにも、学生と教職員がふれあい、連携する機会を提供する本取り組みの意義は、計り知れないでしょう。

←ここが実践のポイント！
ピア・サポート活動が、「人と人をつなげる活動」であることがよくわかる感想です。

5　今後の展開

次に、取り組みの成果を踏まえた上で、今後の展開について少しふれておきます。

(1) 正課教育および正課外教育について

平成20年度に正課教育科目「関西大学におけるピア・サポートを考える」を導入したことで、多くの学生はピア・サポートを認知し、その必要性を実感するに至っています。また、実践に必要なスキルを学ぶことで、学生たちに意識改革をもたらしただけではなく、ピア・コミュニティ

での実践と連動し、社会生活を営むために必要な「社会人基礎力」、すなわち本学が教育目標として掲げる「考動力」を育成するといった大きな教育効果を生み出すに至っています。

　平成23年度からは、より効果の高い教育プログラムを学生に提供するために、本科目の単位取得者を対象とする「演習科目」の新規開講を予定しています。

(2) ピア・コミュニティについて

　ピア・コミュニティは現在8つありますが、ユニバーサル段階を迎えた大学には、学生の多様性・個別性に応じるために、時代のニーズに応じたピア・コミュニティの創出が求められています。今後は、ピア・コミュニティのスクラップ＆ビルドや新規創設等を考慮しつつ、事務組織（特に学生支援部門）の複数のセクションと連携し、その活動のフィールドの拡充・拡大を目指しながら、今後の展開を検討しています。

　また、これまで学内活動に限られていたピア・サポート活動を、学外に一歩踏み出すことで、学生たちが自分自身を地域社会の構成員（仲間）ととらえ、地域連携や社会連携を視野に入れた、新たな活動を展開することに大きな期待を寄せています。そのためには、「学生－大学教員－事務職員」という大学における不可分な3つの構成要素が三位一体となり、ピア・コミュニティの活動を全学的に支援する体制を整える必要があります。教職員を対象とした研修会等を継続的に実施し、ピア・サポートへの理解を深め、より強固な支援体制の確立を目指しています。

6　おわりに

　本学のピア・サポート活動は、その産声を上げてから約3年半の取り組みであり、まだまだ未成熟な部分も多いと感じています。時には、担当者として歯がゆさを覚えるときもあります。しかしながら、学生たちの日々の成長を目の当たりにし、今後もピア・コミュニティは時代のニーズに合わせて大きく発展していくものと、大きな期待を寄せている次第です。

　創世期を終えた今、本学におけるピア・サポート活動は大きな飛躍の時を迎えています。次の段階に進むための「鍵」は2つあるのではないでしょうか。

←ここが実践のポイント！
演習科目の開講は注目に値します。

←ここが実践のポイント！
学生の多様性・個別性、時代のニーズに応じて、スクラップ＆ビルドしていく覚悟が語られています。よりよい実践を続けていくための基本姿勢と言えるでしょう。

1つ目は、学生と大学（教職員）との連携です。本取り組みでは、特に事務職員に、従来からの事務機能としてだけではなく教育職員的な立場に立ち、社会人基礎力の向上を目指し、教育的支援やアドバイザーの役割が求められています。この体制を維持するとともに、事務職員の能力の向上を図る必要があるでしょう。

　2つ目は、伝統の継承と変革です。ピア・コミュニティは新たな学生団体ですが、通常の課外活動団体と同様に学生は4年間で卒業します。また、教職員も同様に人事異動で入れ替わります。そこで問題となるのは、代替わりする際に引き継ぎがうまくいっていない場合や、各世代による考え方の違い、そして熱意です。時代に応じて変化し、対応しなければならないこともあれば、いつの時代にも変化してはいけないこともあるでしょう。この取捨選択について、学生と大学（教職員）が共通理解を持つことができているかどうかが大変重要であり、これらの上に本取り組みが成り立っていることを理解していなければならないでしょう。

　今後も、この2つの「鍵」を失うことがなければ、ピア・コミュニティの可能性は無限大であると考えています。

　本学に芽生えた「学生が学生を支援する」といった新たな学生文化の蕾が大きな華を咲かせるよう、その未来への可能性を信じ、今後も取り組んでいく所存です。

ここが実践のポイント！

ピア・サポート活動を支える事務職員体制の強化についてふれています。学校内には様々なリソース（資源）が満ちあふれているのです。

ここが実践のポイント！

継続してピア・サポート活動を実践する際には、常に「代替わり」や「引き継ぎ」の課題が生じます。

「変化させなければいけないもの」と「変化してはいけないもの」とを常に取捨選択し、学生と大学側とで共通理解を持とうとする姿勢は、まさにピア・サポート活動を継続させる「鍵」となるでしょう。

まとめのコメント

　平成19年度にスタートした文部科学省の「新たな社会的ニーズに対応した学生支援プログラム」（学生支援GP）の指定を受け、「ピア・コミュニティ」という新しい発想のもとに、副学長を総責任者として取り組んだ素晴らしい実践です。

　「学生―大学教員―事務職員」の三者が協力（三位一体）することによって、よりよい大学環境を創造するという壮大な計画です。特に実践の中核を担った事務職員の学生支援部門の活動は、大学運営にも大きな力を発揮しました。大学教員とともに「正課教育」にピア・サポートを取り入れたことは特筆すべき取り組みです。大学教員も事務職員も、学生のかたわらにいながらその成長を促し、見守り、一緒に楽しみ、笑う。そういった大学環境の中で、専門教育では学ぶことのできない資質を育み、学生自身の大きな成長（社会人基礎力の習得）につながるものと言えましょう。

　本取り組みを参考に、ピア・サポート活動を教育プログラムの1つに位置づける大学が増えることを期待しています。

学びのコミュニティとピア・サポート活動
新入生支援、障害学生支援

春日井敏之　立命館大学教授　　コメント：中村孝太郎　財団法人田中教育研究所所員

【キーワード】学びのコミュニティ／学生の強み／オリター・エンター団／主役力と裏方力
／学びの転換・学びの展開・社会とつながる学び

1　学生の多様化と立命館で学ぶ学生の強み

(1) 学生の多様化と普遍的な期待

　学生が多様化し、入学時の学力の広がりや学ぶ目的・意欲にも幅が生じているという実態を踏まえて、教育や支援のあり方について議論を行う必要があります。それは必ずしもマイナスにだけ働いているのではなく、多様な価値観を持つ学生との交流、学生同士が補い合い、学び合う場が生まれ、そのなかで成長していくというプラスの側面も生んでいます。

　他方では、学修への不適応、学力問題、友人関係の脆弱さなどから、学びの目的や意欲を失ってしまったりするケースは少なくありません。経済不況のなかで、学費や生活費のためにアルバイトをせざるを得なくなり、生活リズムを崩したり、心身ともに疲弊しているような学生も増加傾向にあります。

　このような状況のなかで、正課と課外を含んだ様々な「学びのコミュニティ」を通してお互いを認め合い、相乗的に個人と集団が成長していく仕組みをつくっていくことが重要です。全学と学部レベルで、ラーニング・コモンズ（学習図書館、グループ学習の場）、スチューデント・コモンズ（学生会館、交流の居場所）、自習室（個別学習の場）を発展させていくために具体化を図っています。

　本学の学生自治組織である学友会が、新入生を対象に行っているアンケートによると、「大学でやりたいこと、望むことは何ですか」という問いに対して、2008年度の結果は、①学部専門の学び（26.1％）、②幅広い学び（23.9％）、③自分の生き方を考える（17.6％）、④人との出会い（13.5％）といった結果が出ています。経年比較からも、この上位4項目には大きな変化は見られません。ここには、学生が大学

←ここが実践のポイント
　学生の実態を分析し、的確に把握しています。特に、多様な学生の課題を把握しながら、プラスの側面、可能性に焦点を当てている点は重要です。

←ここが実践のポイント
　学生のニーズを明らかにし、様々な「学びのコミュニティ」を通して具体的に応えようとしています。多様な学生同士が集団として学び合う場をつくっていくことで、個の成長も図っていこうとしているのです。

生活に求めている普遍的な期待があります。総合大学の強みを生かした幅広い教養分野と深い専門分野の学びへの期待をもって入学したことがうかがえます。同時に、それが正課や課外も含めた教員・職員や友人との出会いと交流のなかで深まっていくことを期待し、自分の生き方につなげていくことを真剣に考えている姿も見えます。

このような学生実態と「学びのコミュニティ」を生かした4年間（薬学部は6年間）の学びの展開を踏まえたときに、これまで本学が展開してきたピア・サポート活動を発展させていくことが重要であると考えています。

(2) 立命館で学ぶ学生の強み

これまでの学生や教員・職員の取り組みの蓄積によって、本学の学生の強みとして、次の3点をあげることができます。

① 4年間を通した小集団教育（基礎演習、実習・講読、演習など）を通して獲得する集団の教育力と個の成長。
② オリター（オリエンテーション・コーディネーター）、またはエンター（援助担当者）とよばれる学生スタッフなど、様々なピア・サポート活動を通した相互の成長。
③ 学生の課外活動への参加率の高さと、正課と課外の枠を超えて社会とつながるアクティブな学びによる実践力の獲得。

例えば、学生部作成資料「部員数の経年推移（1993年度～2009年度）」によれば、2009年の学内のサークルなどに所属する課外活動への参加率は57.9%と高く、毎年増加してきています。これ以外にも、学外のサークル、ＮＰＯなどに所属し活動している学生も少なくありません。

多様な学生を受け入れているなかで、大学に入ってからの伸びしろが大きい学生をどう育てていくかが、大学の社会的責任だと考えています。そのために、学生と教員・職員が全学的な論議を重ねながら、次の3点を大切にしていくことを確認してきました。

1つには、初年次教育において高校から大学での主体的な学びへと「学びの転換」を図ること、2つには、小集団教育を軸に専門を深める4年間の「学びの展開」を図るための仕組みをつくること、3つには、自らの学びを「社会とつながる学び」として位置づけ、意味づけをしながら卒業研究・論文や卒業後の人生に生かしていくことです。

←ここが実践のポイント！

これまでの蓄積を生かし取り組んでいます。そのなかで、ピア・サポート活動による学生相互の成長が、学生の強みとして位置づけられ、共有されていることは重要です。

←ここが実践のポイント！

初年次教育から小集団を通して学びの転換を図り、4年間の学びの展開の見通しを立てようとしています。そして、卒業後の社会と大学での学びをどうつなげていくかが考えられています。

そのためにも、特に1回生の小集団教育やそれを支える課外のサブゼミアワーなどにかかわり、新入生の「学習、学生生活、自治」を支援するオリター、エンターとよばれる2、3回生のピア・サポーターの果たす役割を大切にしています。

2　多様なピア・サポート活動─5分野の試み

　本学におけるピア・サポート活動では、多様な取り組みを通して、働きかける相手と同様にピア・サポーター自身が成長していくことを大切にしています。そのために、特に大学においては、すべてのピア・サポート活動にとって、「問うこと、聴くこと、語ること」を柱にした双方向のコミュニケーション能力を高めるための研修と課題解決を図るための研修は必須だと考えています。

　学生部を初めとした様々な学生支援組織のもとに、学生スタッフが研修を受けてピア・サポーターとして組織されてきました。具体的には、次の5分野に広がっています。

①学生自治会のもとに組織され、1回生の小集団教育にかかわり、「学習、学生生活、自治」の視点から多岐にわたり新入生支援を行う学生スタッフ。学生部が支援し、オリター、またはエンターとよばれている。

②様々な学生支援組織の募集に応じて必要な研修を受け、特定の専門分野で学生支援にかかわる学生スタッフ。レインボースタッフ（情報サポート）、ライブラリースタッフ（図書館利用サポート）、学生広報スタッフ（オープンキャンパス、高校生へのキャンパス案内）、ボランティアスタッフ（障害学生支援等）として活動している。

③留学を希望する学生や留学生への支援を行う学生スタッフ。国際教育センターが支援し、留学アドバイザー、留学生支援スタッフ、バディとして活動している。

④日常の授業支援を行う学生スタッフ。教学部が支援し、双方向型の授業を行うために前年度の受講生のなかから募集し、グループワークの進行補助、コミュニケーションペーパーの回収・整理などを行うエデュケーショナル・サポーター（ES）、院生から募集し、実験・実習などにおける授業補助、課題レポートの添削などを行うティーチング・アシスタント（TA）として活動している。

⑤進路、就職の相談や3回生演習（ゼミ）における情報共

◆ここが実践のポイント！
　ピア・サポート活動を通して、ピア・サポートを受ける学生もサポーター自身もコミュニケーション能力が高まっていくように意図されています。

◆ここが実践のポイント！
　大学側（学部等）の支援組織と学生側の支援組織が相まって、相乗効果を上げている点に注目する必要があります。一挙にすべてを構築したのではなく、数年かけて実践しながら、必要に応じ1つ1つ組織化されて発展してきています。

有も含めて、キャリア支援を行う学生スタッフ。キャリアセンターが支援し、3回生ゼミ生のなかから選出されて進路、就職情報の共有とキャリアセンターと連携した支援を行うプレスメントリーダー（ＰＬ）、進路、就職活動を終えた4回生が、1、2回生のキャリア形成を支援するジュニアアドバイザー（ＪＡ）として活動している。（図1参照）

これらのピア・サポート活動は、1つ1つを見れば、改善を要するところもあります。しかし、入学時から卒業までを見通しながら、「学びの転換」「学びの展開」「社会とつながる学び」を構築していくための仕組みの1つとして、その重要性は増しており、大学として研修体制、予算措置なども含めて支援しています。

←ここが実践のポイント！

図1からは、ピア・サポート活動（オリター・エンター）が、大学における包括的学生支援のなかに位置づけられ、効果を発揮していることがわかります。

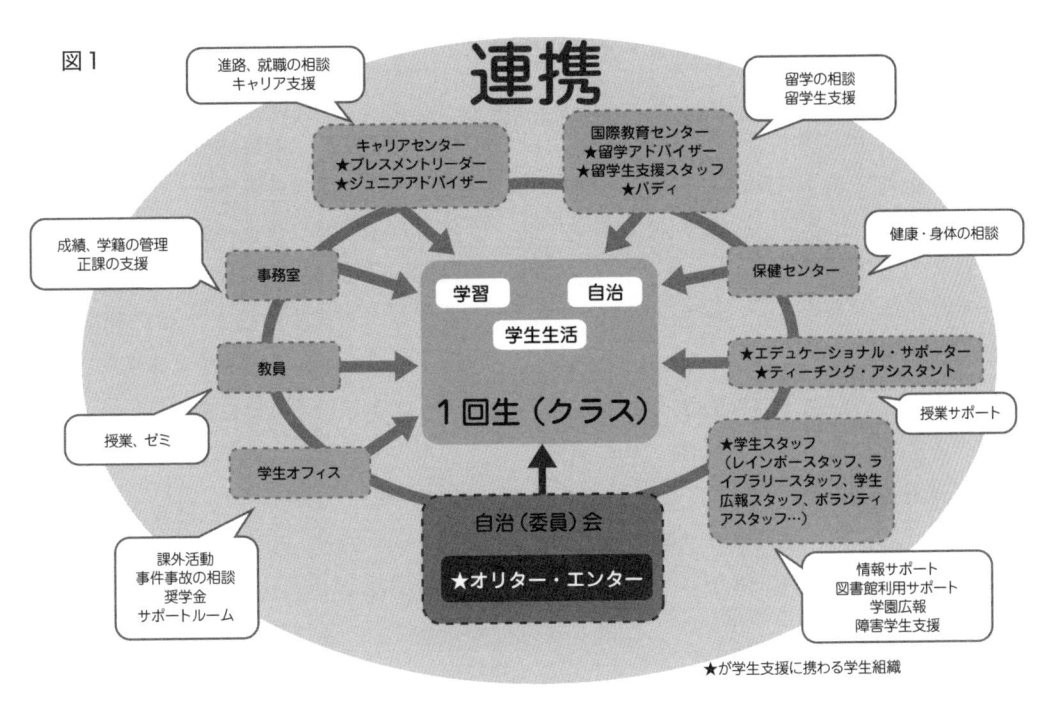

図1

出所：立命館大学学生部／立命館大学学友会「立命館大学オリター・エンター活動」2011年

3　新入生支援とピア・サポート活動
　　　―オリター・エンター団

本学では、全学的に初年次教育の中心に「基礎演習」という30名程度の小集団教育を位置づけています。このクラスに対して、学部自治会の組織のもとに、2、3回生を中心とするオリター、エンターとよばれるピア・サポーターが2、3名配置されています。オリター、エンターの募集

←ここが実践のポイント！

ピア・サポーターによる新入生支援は、学部自治会からの協力が得られています。傾

と研修は、12月〜3月にかけて学部単位で行われ、合宿なども含めて5、6回の研修会を自治会とオリター・エンター団、学生部と学部の担当教員・職員が連携、協働しながら進めています。最近は、教員や職員に加えて、カウンセラーやケースワーカーによる傾聴訓練、課題解決などのワークショップも行われてきました。

　毎年、新入生が約8000名に対して、オリター、エンターは、自主的な応募によって13学部で約800名が登録されています。これは、新入生10名に対して1人という高率であり、前年度の先輩によるピア・サポート活動を受けながら、次年度に立候補してくれるという学園文化が形成され、学生、教員・職員の努力によって定着してきています。この取り組みは、1992年より全学的に制度化されてきましたが、学生部や学部事務室の担当職員は、オリター、エンターに対するスーパーバイザーとしての役割を担ってきています。

　具体的なピア・サポート活動としては、4月のガイダンス期間の新入生クラス懇談会開催、履修相談、基礎演習への授業サポート、進路・学習相談、学生生活へのアドバイス、新入生歓迎祭典の企画、クラス交流会・合宿の企画、ゼミナール大会支援など、多様な支援を行っています。

　基礎演習の授業とは別に、自主的な運営に任されているサブゼミアワーが週1コマ設置されており、オリター、エンターも参加して、クラス交流、基礎演習における報告や新入生歓迎祭典企画の準備などに活用されています。また、毎年5月には、オリター・エンター団によってフレッシュマン・リーダーズ・キャンプという交流合宿が各学部で企画され、オリター、新入生、教員・職員が参加しています。

　学生や職員の間で、ピア・サポート活動についての関心も高まり、2007年には、実習を伴う新たな教養科目として「ピア・サポート論」が全学を対象に開講されました。当初は、2クラスでスタートした授業ですが、2011年には8クラス開講され、2012年には10クラス（受講生50名×10）での開講が検討されています。こうした取り組みが、支援スタッフの研修の場となるだけではなく、学園文化としてピア・サポート活動の裾野を広げることにつながっていくことを期待しています。

傾聴訓練、課題解決などの研修が行われていることも重要な点です。

◀ここが実践のポイント！

先輩（上級生）のピア・サポート活動で支援された学生、支援活動を見ていた下級生が、有意義でやり甲斐のある活動だと感じ、自分もピア・サポーター（オリター・エンター）になろうとしていることがうかがえます。

オリター・エンターが自発的自治的活動であっても、教職員のサポートがあり、またオリター・エンターに対してスーパーバイズをする学生担当の教員・職員の配置もあり、大学として体制をとっていることにも注目したいところです。

◀ここが実践のポイント！

一部の希望する学生で行われていた活動が、数年後に正規の教養科目の授業「ピア・サポート論」として発展したことは大きな成果です。ここに至るまでのいろいろな努力と工夫、経緯があったものと察せられます。安易に、あるいは強引に取り入れたのでは成功しないでしょう。

4 障害学生支援とピア・サポート活動
―「主役力」と「裏方力」

　本学の障害学生支援室は、2006年に設置され、主として、視覚・聴覚・身体に障害をもつ学生を対象に、本人の要請に応じて、正課授業を受けるうえで必要な修学支援を学部事務室などとも連携を図りながら行ってきました。支援活動の中軸には、ピア・サポート、ピア・エデュケーションを位置づけ、学生による学生への支援を行うことで、双方の成長を図っていくことを重視してきました。

　この理念は、「主役力（障害学生）」「主役力（サポート学生）」「裏方力（障害学生支援室職員）」から構成された実践的な支援モデルに象徴的に示されています。とりわけ、サポート学生の多様性を尊重しながら生かし合い、経験を積んだ学生を学生コーディネーターとして位置づけ、サポート学生同士やサポート学生と障害学生をつなげていくために取り組んできたことは、障害学生支援室の特徴的な到達点と言えます。

　2010年は、サポート学生は92名登録され、支援を受けている障害学生は7名います。ノートテイク、パソコンテイク、車椅子補助などの支援ケースに対しては、複数のサポート学生によりチーム支援の体制を組み、1名の学生コーディネーターが配置されます。サポート学生に対する研修講座は、障害学生支援室職員が担当し、「ノートテイク、パソコンテイク講座」「音声ガイド講座」「身体介護講座」「テキスト校正講座」の4講座が開講されてきました。サポート学生たちは、自分の関心や希望に応じて、講座を選択し研修を受けていくのです。学生コーディネーターが、職員と協働して研修講座を担当していくこともあります。

　このように、障害学生支援室における取り組みは、双方の学生が、学習や大学生活において「主体と主体」として成長し、自分の人生の主人公になっていくことを支援の目的としており、そのために職員は、「裏方力」を発揮していくというスタンスを取っているのです。「主役力（障害学生）」と「主役力（サポート学生）」の双方を育てていくために、職員は、例えば「負担にさせないシステムづくり」「ほめる・感謝するという承認の実践」「教えずに気づかせるトラブルシューティング」といった方針を確立しながら、裏方力を発揮してきました。

←ここが実践のポイント！
サポーターも、支援を受ける学生も、「主役」として扱われていることにも注目すべきです。ピア・サポート活動に取り組むなかで、双方の成長を図ろうとしているのです。このことが効果的に行われるように協力しているのが、障害学生支援室職員で、裏方役をしているということです。

←ここが実践のポイント！
裏方と言うと消極的印象を受けますが、障害学生支援室職員の努力や配慮は相当なものだと思います。特に、研修講座を丁寧に行っていることが、質の高いサポート学生を育てることにつながっていると思われます。

5　ピア・サポーターとしての成長

　ここでは、オリター・エンター団の活動に絞って、ピア・サポーターとして成長していく姿と後輩へのメッセージを一部紹介しておきます。(立命館大学学生部編『立命館大学オリター・エンター　2010年度活動報告』2011年参照)

【活動の振り返り】

- オリター活動展開中、団員が新入生のことを本気で考え、悩み、ぶつかり合いながら企画を作り上げ、新入生にとって適切だと思えるサポートを行えた。しかし、それ以上に、オリター活動の10か月間のなかで、苦しいことも楽しいことも経験し、それを団員同士で共有し助け合いながら歩き続けたことで、団員一人ひとりが大きく成長できた。(国際関係学部)
- オリターの個人総括や1回生アンケートからみて、オリターのクラスにおける存在は計り知れないものがある。クラス内での入学時のパイプ役としての役割や、グループワークなどのサポート、さらにクラスを超えて日常生活における相談役として、サポートの姿を変えながら柔軟に対応できたと評価できる。(経営学部)

【これからオリターをする後輩へ】

- 一人ではできない活動だと思うので、遠慮なく一緒に活動する仲間を頼ればいいと思います。それぞれの役割を理解し、それを割り振り、それぞれが自分の仕事をこなすことで、団としての機能を発揮できます。自分の能力を過信せず、助け合いの精神を大事にすることでよりよい活動ができます。(文学部)
- オリターはとてもよい経験ができ、自分自身を成長させてくれる団体です。会議では新しく出会った仲間と論議したり、クラス入りでは約30人もの1回生に対して、大学での初めての先輩としてかかわったり、今まで経験したことのないような出来事の連続です。また、オリターでの本気の経験が、勉強、遊び、サークル、バイトなどのオリター以外の活動にまで、よい影響を与えてくれます。オリター活動は、今この

←ここが実践のポイント！

　オリター・エンター団の国際関係学部の活動の振り返りの中で、「苦しいことも楽しいことも経験し、それを団員同士で共有し助け合いながら歩み続けたことで、団員一人ひとりが大きく成長できた」と述べています。本物の活動を展開してきたということです。同様に経営学部・文学部・経済学部でも前向きで肯定的な振り返りが述べられています。これからオリター・エンターをする後輩へのメッセージに触れて、「来年は私たちが」と思う新入生も生まれていくことでしょう。

2010年度オリター団（国際関係学部）

大学生活でしか体験できないこと。ぜひ積極的にChallenge してみてください。（経済学部）

6　今後のピア・サポート活動の重点課題

　ピア・サポートは、特効薬ではありません。包括的学生支援のなかに組み込み、発達課題や問題状況を踏まえ、有効なトレーニングと支援活動を工夫することが大切です。

　本学におけるピア・サポート活動にかかわって、あらためて重点課題を6点あげておきます。1つには、学生の実態を踏まえながら、オリター、エンターなどの支援スタッフの研修プログラムのどこに重点を置くのか精査していく。2つには、育ち合うという視点から、支援スタッフ同士や支援スタッフと新入生など、葛藤や気づきも含めて双方の成長をお互いに確認し合う取り組みを大切にしていく。3つには、2011年に開設した「特別ニーズ学生支援室」の学生支援スタッフの養成やサークル、自治会、自主ゼミ、ボランティアなど、学生の自主的活動のなかに、ピア・サポート研修プログラムを生かす工夫を検討していく。4つには、大学のなかで学生と教員・職員が連携、協働し成長していく場としても、ピア・サポート活動の意義を共有していく。5つには、困難に遭遇したときの報告、相談先であるスーパーバイザーを、教員や職員のなかで明確にしていく。6つには、実習科目、インターンシップ科目、教養科目の「ピア・サポート論」などを通して、学生が他者とかかわる姿勢や実践力を高め、ピア・サポート活動の裾野を広げていくことです。

←ここが実践のポイント！

　今後の重点課題として6項目があげられていますが、ピア・サポート活動に取り組む学校関係者にとって共通する課題です。特にこれから本格的に実践しようとする中学高校や大学にとっては、先進的実践・研究ということになります。

まとめのコメント

　キーワードの「学びのコミュニティ」とは、本論では総合大学としての立命館大学における包括的学生支援の具体化です。この貴重な実践・研究成果は短期間でなされたものではなく、10年以上の地道な積み上げがあってのことです。一人の学生にとっての「学びのコミュニティ」は4年間です。この限られた期間にピア・サポート活動を充実させるために、ここで紹介された様々な観点から実践・研究の工夫がなされています。例えば「多様なピア・サポート活動―5分野の試み」や最後の「今後のピア・サポート活動の重点課題」などは、継続的な実践・研究がなければ出てこない発想です。また、大学として実践・研究が継続しているのは、春日井先生のような人柄や学生への熱意を持っている教育研究のリーダーが、教職員集団として存在しているからであろうと推察しています。

コラム

発達障害が疑われる幼稚園児に対する大学生のピア・サポート活動の実践事例
絵本を媒介にしたピア・サポートプログラムの効果

増田梨花　金沢工業大学心理科学研究科臨床心理学専攻教授

【キーワード】ピア・サポートプログラム／絵本／読み聞かせ

　大学に通学する意欲が低下していた女子学生がピア・サポーターとなり、発達障害が疑われる幼稚園児に、「絵本の読み聞かせ」のピア・サポートプログラムを実践しました。

　女子学生は幼少期から身体が小さく、動作が遅く、小・中学校時代は周囲の友達から言葉によるいじめを受けていたそうです。高校1年のときに保健委員となり、高校でピア・サポートトレーニングを受けました。高校1年と高校2年の夏休みに、通い合宿のような形態で、合計48時間程度のトレーニングでした。

　高校2年生のとき、父親が病死してしまいます。気分が落ち込んでしまいましたが、ピア・サポート仲間が励ましてくれ、高校は休まずに通えました。

　高校3年生のときは副部長として近隣の小学校や老人ホームで「絵本の読み聞かせ」の活動を行い、ピア・サポート活動を通して、「自分に対して少しだけ自信が持てた」と言います。

　高校卒業後は就職を考えていましたが、母親の強い願いで、大学に進学しました。1年生の前期は友達が一人もできず、サークルにも入らず、家と大学の往復を繰り返していました。

　後期になり、ある朝、お腹が痛くて起き上がれなくなってしまいました。自分は迷惑な存在で、「消えてしまいたい」と思うようになったのです。外に出るのが怖くなり、1週間大学を欠席する状態が続きました。

　すでにピア・サポートトレーニングやピア・サポート活動を高校のときに行っていたとのことでしたので、筆者が中心になって大学生を対象に行っているピア・サポートトレーニングのアシスタントをしてほしいと誘ったところ、しぶしぶ承諾してくれました。

　ピア・サポートトレーニングでは、絵本を活用した傾聴訓練とコンフリクトマネージメント研修に参加してもらい、トレーナーである筆者のサポートを行いました。ピア・サポート活動では、「絵本の読み聞かせ隊」のリーダーとして、幼稚園児に「絵本の読み聞かせ」を週に1回継続的に行いました。

　「絵本の読み聞かせ」の活動のなかで、彼女が担当した発達障害が疑われている園児が自立に向けて意欲的になり、また心が落ち着き、園生活に適応できるようになっていきました。さらに、園児が女子学生の読み聞かせを楽しみに待っていてくれることにより、女子学生自身の自己評価が高まり、園児と同様に彼女の心も落ち着いていきました。

　ピア・サポートプログラムに「絵本の読み聞かせ」を取り入れ、絵本を媒介として園児とふれあうことは、園児のみならず、ピア・サポーターにも効果があることがわかりました。

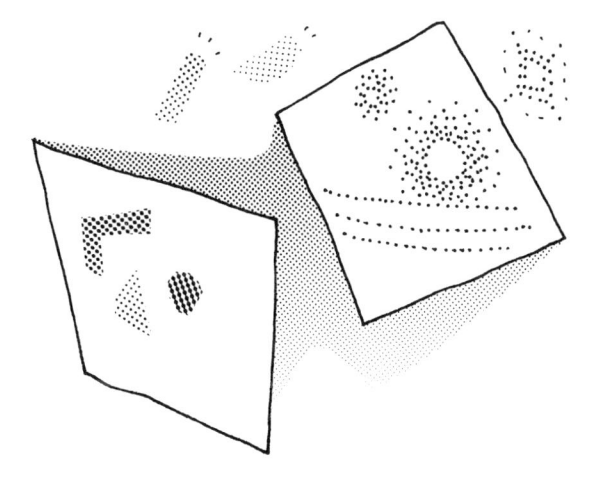

第5章 教育行政のピア・サポート実践

学校、行政、大学一体化プロジェクトに位置づけられたピア・サポート

池本しおり　岡山県立岡山朝日高校教諭　　コメント：栗原慎二　広島大学大学院教授

【キーワード】総社方式／マルチレベルアプローチ／社会人基礎力／学校間連携／地域ぐるみのピア・サポート

1 「総社方式」と本実践の位置づけについて

「総社方式」とは「誰もが行きたくなる学校づくり」を目標に掲げ、岡山県総社市において進められている不登校予防のプロジェクトのことです。このプロジェクトが導入された背景として、同市における不登校出現率の高さが挙げられ、不登校問題の改善は喫緊の課題となっていました。これまでは不登校の三次支援、二次支援に力を入れていましたが、さらに一次支援にも取り組んでいく必要があると考えられ、2010年度から2012年度までの3年間に、すべての子どもが人間関係づくりや仲間づくりなどを学ぶためのプログラムが導入されています。

この事業は総社市教育委員会（行政）主導で管内15小学校、4中学校のすべての学校と、県立高校1校で行われているもので、広島大学大学院の栗原慎二先生の指導のもと、すべての子どもたちのための一次支援・二次支援・三次支援を「多層的・同時的・構造的」に展開する「マルチレベルアプローチ」を実施しています。具体的には「ピア・サポート」「SEL（社会性と情動の学習）」「協同学習」「グループ活動」「品格教育」「小中連携と欠席管理による早期介入」などで構成されています。

筆者はその一環として、同市内にある、自分の勤務校ではない県立高校でピア・サポートを実践しました。事業の一環であることから地域での連携がとりやすく、トレーニングを受けたピア・サポーターが、校外での活動として近隣の学校へ出向き、サポート活動をすることができました。

2 高校におけるピア・サポートプログラムの実践
(1) 実践の目的

このプログラムを実施することにより、ピア・サポータ

←ここが実践のポイント！

コメンテーターもこの実践に関与しています。「総社方式」の特徴は、不登校そのものを直接的に減らす取り組みと並行して、豊かなコミュニケーションのある学校教育活動を創造することで、「誰もが行きたくなる学校づくり」をすすめ、児童生徒の学校適応を改善し、結果として不登校やいじめといった問題を減少させようとする点です。ピア・サポートは、この取り組みの中核を成しています。

この総社市の取り組みには、商工会議所や警察署、PTA連合協議会、主任児童委員、公民館、校長会、青少年育成センター、行政からも保健福祉部・生涯学習課なども加わり、市を挙げた取り組みとなっています。なお、市教委の取り組みに県立学校が参加協力することは困難が多いのが一般ですが、両者の間に協力体制があることは特筆できることです。

ーの育成を図り、思いやりのある学校風土の醸成の一端を担うことを目的とします。

また、校外でのサポート活動を通じて地域に貢献する体験を積み、サポーターの成長を促すことも目的としています。

(2) 方法

①手続き

まず、1年生・2年生を対象に、ピア・サポート活動参加者の募集を行いました。

②対象

応募のあった20名（1年生16名、2年生4名：男子1名、女子19名）に対して、ピア・サポートプログラムを実施しました（以下、ピア・サポート群）。その間、ピア・サポートプログラムを実施しない1年生の1学級40名（男子22名、女子18名）を統制群としました。

③ピア・サポートプログラム

ピア・サポートプログラム（表1）の立案に際しては、次のようなことを考慮しました。まず、ピア・サポートプログラム本来の目的を達成することができ、なおかつ「社会人基礎力」（経済産業省、2006）の育成を促進する内容であること、また、高校生の発達段階に適切と思われる内容であること（池本、2001）の3点です。

← ここが実践のポイント！
高校生が地域で活動し、地域に貢献することで郷土愛を育みつつ、小中学校生のモデルになるという効果も期待できます。

← ここが実践のポイント！
実践の効果を測定するには、何かと比較する必要がありますが、特別な取り組みをしていない群（統制群）を設定して実践群と比較するという方法は、一般的で妥当な方法と思われます。

← ここが実践のポイント！
トレーニングプログラムは標準的な内容を踏まえてつくられています。また、サポート活動が「日常のサポート活動」と「校外のサポート活動」の2つに分けて整理されて考えられている点がよいと思います。

表1　ピア・サポートプログラム

活動の種類	活動の内容
トレーニング・セッション	①ガイダンス ②人間関係づくり ③コミュニケーション・スキル ④アサーション・トレーニング ⑤自己理解 ⑥リラクセーション ⑦対立の解決
サポート活動とフォローアップ・セッション	①個人プランニング ②フォローアップ・セッション（3回） ＊この間に「日常のサポート活動」を行うかたわら、「校外のサポート活動」をしました。

（ア）実践期間、回数等

　プログラムは2011年1月から3月まで、全10回の活動を行いました。「人間関係づくり」などの7つのテーマからなるトレーニングと個人プランニングまでを4回、各回とも3時間30分の活動をしました。引き続きフォローアップ・セッションを3回、その間に日常のサポート活動と並行して校外のサポート活動に3回出かけました。

（イ）社会人基礎力について

　ピア・サポートのあり方として、仲間支援プログラムであった段階から、現在では、仲間支援を手がかりに、いじめなどの既存の問題を軽減したり、開発的な教育手段として若者の社会性を高めるために用いられるようになり、学校教育の質の向上に貢献するように活用される段階に達してきていると言える（西山、2009）と指摘されているとおり、ピア・サポートプログラムのあり方には、日本に導入された当初から、少しずつ変化が見られます。

　「若者の社会性」という点に関しては、近い将来社会人となる高校生にとって、「社会人基礎力」を養う観点が肝要であると考えました。社会人基礎力とは、「職場や社会のなかで多様な人々と共に仕事をしていくために必要な基礎的な力」のことであり、「前に踏み出す力（主体性・働きかけ力・実行性）」「考え抜く力（課題発見力・計画力・創造力）」「チームで働く力（発進力・傾聴力・柔軟性・状況把握力・規律性・ストレスコントロール力）」という"3つの力"とそれらを具体化する"12の能力要素"から構成されています。

　本実践においては、これらの能力要素が培われるような機会がプログラムのどこかに必ず入るよう、活動内容を吟味しました。

（ウ）校外におけるサポート活動

　校外での活動内容として「中学生向けワイド相談」を1回と、「ブラジル人学校の訪問」を2回行いました。

　中学生向けワイド相談（キャリア教育支援）：ピア・サポーター7人が近隣の中学校に出かけ、「高校生活について」「勉強について」「部活動について」「高校受験について」など、7つのテーマで話し、そのあと参加している中学2年生（273人）のなかから質問を受け、その場で答えるというものです。これは、「高校ってどんなところだろう」とか

← ここが実践のポイント！

　ピア・サポート活動は、まず「自分の隣にいる友達のニーズに応える」ことが基本ですが、より発展的な活動として学校やコミュニティのニーズに応えることも重要で、ここでは後者の活動が示されています。

　この変化は、日本でも最初はピア・カウンセリングという言葉が使われていたのが、現在はピア・サポートという言葉に変化してきたことと軌を一にしているかもしれません。

　ピア・サポートを学校教育に定着させるという観点からすると、どのような力を育成するのかということを、学習指導要領や各種の答申などと照らし合わせて提案することは重要です。そうすることで、教職員の理解を得やすくなるとともに、活動の方向性が明確になります。

← ここが実践のポイント！

　中学生にとって有意義な活動なのはもちろん、高校生のサポーターにとっても大人数の前での活動の成功は自信になったと思われます。なお、

「勉強についていけるだろうか」とか「高校入試が心配」などと考えている中学生に対し、高校の実態などについて現役の高校生が話したり、質問に答えたりすることで、中学生の不安を軽減したり、高校進学に意欲を持ってもらったりするためのものです。

ブラジル人学校の訪問（学習支援）：地元のブラジル人学校を訪問し、小学生・中学生の学習支援を行いました。第１回目は３人、第２回目は14人のサポーターが参加し、公立学校で学んでいる学習内容に関して、個別に支援しました。そのとき「答えを教えるのではなく、どのようにすれば、答えに到達できるかということを支援する」ことに徹しました。

（3）評価について

① 「アセス（６領域学校環境適応感尺度　ASSESS：Adaptation Scale for School Environments on Six Spheres」（栗原・井上、2010）を使用し、ピア・サポート群においては、ピア・サポート群のプログラム開始前（T1）、ピア・サポート群のトレーニング・セッション終了時（T2）、ピア・サポート群のすべてのプログラム終了時（T3）の３回実施しました。統制群については、T1、T3の同時期に２回実施しました。

② ピア・サポート群については、「各回のアンケート」を実施しました。

③ 中学生向けワイド相談の参加者に「アンケート調査」を行いました。ピア・サポーターを対象に「ピア・サポーター用」を、中学２年生を対象に「生徒用」を、参加した教師を対象に「先生用」を実施しました。

④ ブラジル人学校の訪問をしたサポーターに「アンケート調査」を行いました。

（4）結果と考察

① 「アセス（６領域学校環境適応感尺度）」について

まず、ピア・サポート群と統制群のベースライン比較のために「ｔ検定」を行った結果、ピア・サポート群と統制群は、等質の集団であるということが言えました。

次に、ピア・サポート群のT1・T3と、その間プログラムを実施していない統制群のT1・T3を比較分析した結果、「生活満足感」「教師サポート」「友人サポート」「向社会的スキル」において、いずれもピア・サポート群でT1か

今回の実践の成功を受けて、今後もこの活動は継続の方向で検討されており、ピア・サポートが中高連携の支柱となっていることがわかります。

←ここが実践のポイント！

この地域は日系ブラジル人の多住地域で、言葉の問題や学習上のニーズがあるとのことで、この実践はそのような地域的ニーズに応えている点が重要です。

←ここが実践のポイント！

評価ツールを決める際には、「活動を通じて何を変化させようとしているのか」という活動の目的に照らして検討する必要があります。

数量的なデータと、自由記述等の質的なデータを併せて検討することで、活動をより詳細かつ適切に評価することが可能になります。

←ここが実践のポイント！

活動前（ベースライン）の状態に違いがないことの確認は、研究上、重要です。

らT3で有意な向上が見られ、統制群では有意な変化が見られませんでした（表2）。以上より、ピア・サポートプログラムにおいては、学校環境への適応感が向上する可能性が示唆されました。

表2　ピア・サポートプログラムによる適応感の変化

適応感の6因子	群	T1→T3
生活満足感	ピア・サポート群	↗
	統制群	n.s.
教師サポート	ピア・サポート群	↗
	統制群	n.s.
友人サポート	ピア・サポート群	↗
	統制群	n.s.
向社会的スキル	ピア・サポート群	↗
	統制群	n.s.
非侵害的関係	ピア・サポート群	n.s.
	統制群	n.s.
学習的適応	ピア・サポート群	n.s.
	統制群	n.s.

←ここが実践のポイント！
結果として、アセスのデータ上では、かなりはっきりとした変化が確認できています。なお、侵害的関係と学習的適応については、平均得点自体は改善したとのことですが、統計的に有意と言えるほどの変化はなかったということだそうです。

②「各回のアンケート」について

各活動のたびに行ったアンケート調査では、次のような記述が見られました。
・活動そのものが楽しく、学びが多い。
・サポーター同士の人間関係が促進され、いい仲間になることができた。
・新たな世界が広がり、今までとは違った視点で物事を見たり、考えたりできるようになった。
・何ごとにも、前向き、積極的に取り組めるようになった。
・自分を知ることができたと同時に、自己理解の大切さを知った。
・習ったことを日常生活に活かしていきたい。

③中学生向けワイド相談の参加者に対する「アンケート調査」について
〈ピア・サポーター〉
・中学生が持っている悩みを少しではあるが理解し、可能

←ここが実践のポイント！
効果の測定でも、「毎回の活動がうまくいったのか」ということを測定するプログラムの評価と、「活動の結果、どのような変化が生じたのか」という評価は違います。実践研究をする場合は、何の目的で、そのために何を測定するのかをはっきりさせておく必要があります。

←ここが実践のポイント！
アンケート結果から、サポートする側にとっても成長になること、される側にとって

- な範囲で答えることができた。
- 自分の過去を振り返りながらサポート活動の内容を考えたので、改めて自分自身について考えることができた。
- とても緊張したが、中学生が真剣に聞いてくれ、質問してくれたことがうれしかった。

〈中学生〉
- 高校生からこのような話を聞いたのは初めてだったのでとても参考になったし、高校に対するイメージがわいた。
- 高校の部活は楽しそうだと思った。
- 勉強と部活は両立できることがわかり、安心した。
- 受験勉強はガリガリするものかと思っていたが、こつこつすれば大丈夫だとわかった。授業を大切にしたい。
- 自分の兄は高校生だが、家でこんな話をしたことがないので、高校ってこんなところなんだとよくわかった。
- これからも「ワイド相談」を続けてほしい。

〈教師〉
- 中学生の質問に対する答えは、誠実で好感が持てた。
- プレゼンなど、視覚に訴える資料があればよかった。
- 新しい試みであったが、深めていくと、中高のよい連携になると思う。

④ ブラジル人学校の訪問をしたピア・サポーターに対する「アンケート調査」について
- 答えを教えるのではなく、自分で考えるお手伝いをするのは難しかったけれど、答えが出せたときにはこちらもうれしかった。
- 相手の立場に立って考えることで、自分の内面を見つめ直す機会になり、貴重な体験ができてよかった。
- 少しずつコミュニケーションをとりながら、ゆっくり仲よくなれた。「少しずつ」が大切だと思った。

(5) 実践全体を振り返って

　自分の勤務校ではない学校で、しかも、3年計画の大きなプロジェクトのなかでの実践とあって、私自身もさまざまな新しい経験を積むことができました。

　プログラムに応募してきた生徒たちとはすぐに仲良くなれ、彼らの真面目でひたむきな姿に感動したり、シェアリングで出てきた意見に感心したりしながら、楽しく充実した活動をすることができました。

はサポートを受けることで不安が解消されて情緒的な安心につながったり、将来への展望が開けることで意欲につながったりしていることがわかります。

◀ **ここが実践のポイント!**
　ピア・サポートプログラムを言葉で説明してもイメージがわかないため、教職員の理解が進みにくい場合があります。実際の活動を目の当たりにすると、その良さに気づき、理解が進み、プログラムの発展に弾みがつくことが多く見られます。

◀ **ここが実践のポイント!**
　高校生がレスキュー（救済）とサポート（支援）の違いを自覚しながら支援していることが理解できます。これは事前の研修が生きていることを示唆しています。

◀ **ここが実践のポイント!**
　池本先生は他校の高校教諭ですが、今回の総社市の取り組みの協力者という形で実践に加わっています。

最も困難だったことは、トレーニング・セッションを土曜日に設定していたため、生徒たちがなかなか集まれなかったことです。このことは、私の今までの実践にも共通した課題で、授業以外の時間に、希望者を集めて実践することの難しさを再確認しました。
　ちなみに、私の勤務校ではピア・サポートを始めて5年目を迎えましたが、昨年度から夏季休業中の2日間に集中トレーニングをし、2学期にかけてフォローアップ・セッションを行っています。どのような方法をとっても一長一短かもしれませんが、その学校に適した方法を模索するしかないと感じています。
　高校においても、授業のなかで安心して展開でき、すべての高校生がこのようなプログラムを体験できればいいと、心から願っています。

(6) **実践校における、2期目のピア・サポート**
　2011年度になって2期目のピア・サポートを始めていますが、1期目と違うところを記したいと思います。

　①**実施時期**
　トレーニングを夏季休業中の7月から8月に行いました。前回のときより生徒たちが集まりやすいかと思いましたが、この時期は部活動の関係で試合やコンクールなども多く、生徒たちが県内外に出かけることもしばしばあり、必ずしも思うようにはいきませんでした。

　②**トレーニングの公開**
　市内すべての小中学校でもピア・サポートを導入するため、先生方が具体的なイメージをつかめるように、この実践を公開してもらえないだろうかという市教委からの依頼があり、高校の同意もいただいて公開する運びとなりました。
　参観者の人数は、どの回も高校生を上回る数となりました。大勢の参観者に一方的に見られることで、高校生が緊張するのは忍びないと思いました。また、先生方にとってもただ参観するだけより、参加してもらったほうが一層自分のものにしていただけると考えました。この際「Win-Win」にもっていくのが得策だと判断し、思い切って先生方にトレーニングへの参加を呼びかけました。このことが思わぬ活性化につながり、活動はとても生き生きしたものとなりました。異世代交流によるグループ・ダイナミック

←ここが実践のポイント！
　ピア・サポートプログラムが教育課程に位置づけられていない場合、トレーニングの時間の確保はどうしても困難です。取り組みの初期段階においては、教育課程外の活動になるのもやむを得ないかもしれませんが、教育課程に位置づけることを含め、長期的に安定した活動を行うにはどのような方法があるかを検討する必要があります。

←ここが実践のポイント！
　市内の多くの先生方がトレーニングに参加するということ自体が、市の教育力の底上げになっていくことはまちがいありません。
　1つの学校のピア・サポート活動に数十人の先生方が参加するといった事態は、この

スの醍醐味を味わうことができ、これぞまさしく「地域ぐるみのピア・サポート」だと実感しました。参加者からも喜びの声がたくさん聞かれ、かつての「先生－教え子」の再会場面などにも立ち会え、なんともありがたい体験をさせていただきました。地域のピアに心から感謝します。

取り組みが市を挙げた取り組みだからこそ実現したことと言えるでしょう。先生方の参加が自主的なものであることにも注目したいところです。

〈引用文献〉
・経済産業省「社会人基礎力に関する研究会－『中間取りまとめ』」経済産業政策局産業人材政策室、2006年
・池本しおり「ピア・サポートを高等学校に取り入れるための実践的研究」『岡山県教育センター研究紀要』2001年
・西山久子「ピア・サポートの歴史－仲間支援運動の広がり」『現代のエスプリ502』30-39、2009年
・栗原慎二・井上弥編著『アセスの使い方・活かし方－学級全体と児童生徒個人のアセスメントソフト』ほんの森出版、2010年

> **まとめのコメント**
>
> 　この実践のポイントはいくつかあります。まず、総社市という市が一丸となって取り組んでいるプログラムであること、第2に、小と中と高、民間と行政、市立と県立などの違いを超えた連携が生じていること、第3に、それを可能にしているのが「マルチレベルアプローチ」という包括的なアプローチであること、そして最後に、そのマルチレベルアプローチの中心的な役割をピア・サポートが担っていることです。
>
> 　池本先生の取り組みは、こうした全体像のなかでの取り組みです。だからこそ地域の先生方が生徒向けの研修会に参加したり、中学校や在日ブラジル人学校での活動が可能になっています。ピア・サポートも教育活動です。ですからその位置づけを明確にし、工夫することで、「やったほうがいい実践」から「やる必要のある実践」へと発展させることが可能になります。

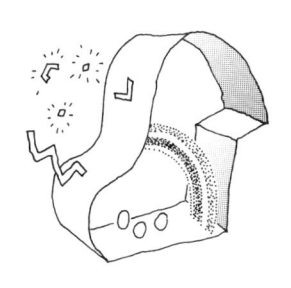

大学教員と指導主事が支える新任教員のピア・メディエーション実践

竹内和雄 大阪府寝屋川市教育委員会指導主事　コメント：池島徳大 奈良教育大学大学院教授

【キーワード】ピア・メディエーション／傾聴スキル／初任者指導／映像教材

1　ピア・メディエーションに取り組んで

ここでは初めて担任を持つ若い先生たちが、多くの人に支えられながらピア・メディエーションに取り組み、成長していった過程を紹介します。学校を超えて先生たちがピア・サポート集団を形成して支え合い、同時に彼らのクラスでピア・サポート実践を行いました。二重のピア・サポートが構築され、実に温かい空気が流れる実践でした。

2　ピア・メディエーションとは

「ピア」は「仲間」「同輩」、「メディエーション」は「調停」「仲裁」。簡潔に訳すると「子ども同士によるトラブル解決」です。欧米では多くの学校に導入されており、トラブルを解決するための「ピア・メディエーター」という訓練を受けた特別の子どもがトラブルに対応します。

今回紹介する実践では、欧米のように特定の「メディエーター」だけがトラブル解消にあたるのではなく、クラス全員が活動する「クラスワイド・ピア・メディエーション」に取り組みました。

3　奈良教育大学ピア・メディエーション研究会

この会は、平成20年10月から毎月、奈良教育大学教職大学院の池島徳大教授のもとでピア・メディエーションについて学ぶために、関西の先生たちが有志で立ち上げた会です。今回の実践は、寝屋川市の指導主事の私と、同市の小学校中学年で初めて担任を持つ、異なる学校の若い先生4人が、この会

研究会の一場面（ロールプレイ）

ここでは、本実践にかかわった立場から、実践のポイントについて解説します。

＜ピア・メディエーションの必要性＞

今日の学校は、もめごと問題の宝庫と言っていいくらい、毎日が大変な状況です。そのときに役に立つのが、「ピア・メディエーションによるかかわり技法」です。子どもたちの日常的なトラブル・もめごと問題に対して、子どものニーズ（願い）に応え、民主的な社会の一員としての帰属意識を与える、非常に優れた技法です。

これまで我が国は、もめごとなどの問題に対して、大抵の場合、大人（教師）が子どもに代わって介入し、事後指導的に説諭や説教を中心とした対応をするか、あるいは個別対応を中心としたカウンセリング的対応が中心でした。いずれも一長一短はありますが、ピア・メディエーションによる技法は、当事者双方の「言い分」を尊重して聞き、当事者双方が解決策を提示して、納得解決を目指すもので

で学んだものです。

4　若い先生のピア・サポートの場として

ピア・メディエーションを学ぶために集まりましたが、先生たちは、それ以前の段階で四苦八苦していました。各クラスの実態報告に基づいて、池島教授から的を射た指導をいただき、若い先生たちは成長していきました。

その他の先輩教員や私からもアドバイスをしましたが、それと同等か、もしかしたらそれ以上に貴重だったのは、若い先生たち同士が、支え合うピア・サポートの集団になっていったことです。

これから大量退職時代を迎え、若い先生の数が増えていきます。若年教職員の指導と育成は日本の教育界の急務です。今回紹介する事例は、成功例として貴重なものだと思います。

初めて担任を持つ先生たちですから、授業方法や保護者対応など、悩みは大きかったのですが、彼らを最も苦しめたのは、子ども同士の人間関係上のトラブルでした。ささいな口げんかから、大きな暴力まで、日々いろいろなことが起こっていました。原因も様々で、単なる小競り合いから、「掃除をサボった」「忘れ物ばかりする」等、学級経営上、放置できない理由でのトラブルもありました。

5　全体指導計画

ピア・メディエーションの指導に際して、大まかに全体

ピア・メディエーション（子ども同士のトラブル解決プログラム）
指導計画（全10時間）

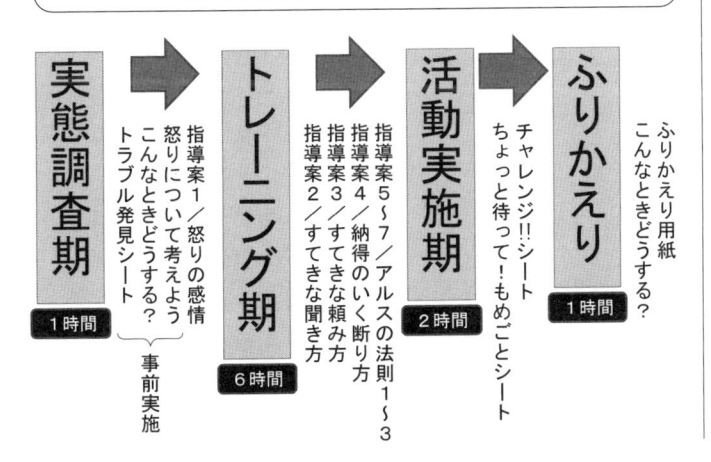

実態調査期（1時間）
トラブル発見シート
事前実施

トレーニング期（6時間）
指導案1／怒りの感情
怒りについて考えよう　こんなときどうする？
指導案2／すてきな聞き方
指導案3／すてきな頼み方
指導案4／納得のいく断り方
指導案5〜7／アルスの法則1〜3

活動実施期（2時間）
チャレンジ!!　ちょっと待って！もめごとシート

ふりかえり（1時間）
ふりかえり用紙
こんなときどうする？

す。注目すべきは、当事者双方の感情面に配慮した対応スキルだという点です。しかも最終的には、その調停役（メディエーター）を子どもたちに行わせるというものです。

カナダやアメリカで開発され、現在、イギリスでは積極的に導入されてきています。「市民性教育」のカリキュラムのなかに取り入れられ、実践研究が進められています。我が国では導入の初発の段階であり、教師がその調停の技法を学んでいる段階と言えます。本稿では教員研修プログラムの具体的な導入を紹介しています。

＜もめごと問題は、子どもにとって一大事の出来事＞

子どもたちにとって、友人とのトラブルは、いじめに発展する可能性もあり、重大な問題です。

トラブルを抱えたときに、どのような問題が起こったのか（事実）を明確にし、そのときにどのような気持ちを抱いたのか、あるいは抱いているのか（感情）、そして最終的にはどうなりたいのか（願い〈ニーズ〉）を、しっかりと聞きとめ、明確にしていくことが必要です。

つまり、「安心」して、言いたいこと（事実、感情、願い）を自由に「表現」できる関係（リレーション）づくりが、解決の第一段階として極めて重要です。

そのために、教員に必要なの

で10時間程度の授業計画を立てました（前頁の図参照）。この図は、取り組みが終わってから振り返って作成したものですが、このような青写真を持って各クラスで取り組みを始めました。

6　大切にしたこと

「人は怒ったり、腹が立ったり、けんかして当たり前。それをどうやってクラスみんなで解決していくか」。そのための授業だということを取り組みの前提としました。

「けんかのないクラス」ではなく、「話し合いでトラブルを解決できるクラス」を目標にしたのです。「けんかやトラブルは、成長するためのきっかけ、指導するための材料だ」と認識し、クラスでトラブルが起こったときこそが、絶好の指導機会だと共通理解しました。

7　まず教師のトレーニング

ピア・メディエーションの土台として、まず教師自身がメディエーションできることを目標に、相手の言葉（言い分）をしっかり受け止めることができる訓練に取り組みました。その基礎として、様々なピア・サポート・トレーニングを繰り返し、スキルアップに努めました。これは技術以上に若い先生集団が共に高め合うピア・サポート集団になっていくための大きな基盤となりました。

最初は、各クラスのトラブルへの対応方法について、具体的な事例をもとにケース検討を繰り返しました。トラブル場面を実際に演じたり、文字化したりして検討しました。悩んだ先生たちは、合宿までして夜通し語り合いました。そのようなトレーニングのなかで、対応に一貫性がないことや、子どもの言い分をしっかり聞けていないことなどがわかっていきました。

あわせて、Q-Uなどを全学級で実施し、各クラスの実態を分析し、具体的な取り組みがスタートしました。

8　実態調査

各クラスで起こっているトラブルを次頁のようなアンケートで調べました。アンケートを参考に、担任として把握している各クラスのトラブル事例を持ち寄り、次の6つに絞りました。

は、民主的な話し合いに導くために必要な指導計画を持っていることです。前頁の指導計画の図は、ピア・メディエーションスキルの獲得を目指した指導モデルを示したものです。

本プログラムでは、「怒りの感情の理解」「すてきな聞き方・頼み方・断り方のスキル」を、メディエーションの導入までに学習しておくべきスキルとして位置づけています。

＜対立が起こるのは、自然なことである＞

ピア・メディエーションにおいては、問題解決の前提として対立（もめごと）を次のようにとらえています。それは、"Conflict is natural"（Cole. T. 1999）、つまりもめごとが起こるのは自然なことなのです。

この考え方は、怒りの感情をクールダウンさせ、問題への対応を冷静にさせてくれます。

我が国の子どもたちは、級友との関係が薄く、心を寄せ合って交流する機会に乏しいため、ちょっとした言動で傷ついたと思い込んでしまう子どもも少なくありません。人間不信に陥ってしまう現状にあると言えます。

このような誤解が生まれるのは、我が国の文化的背景に、自分の感情を露わにしないことを美徳とする国民性があるとみていいでしょう。「友達に嫌われているのではないか」という疑

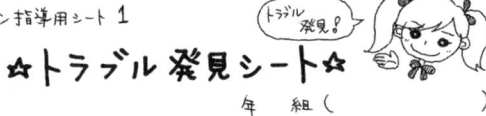

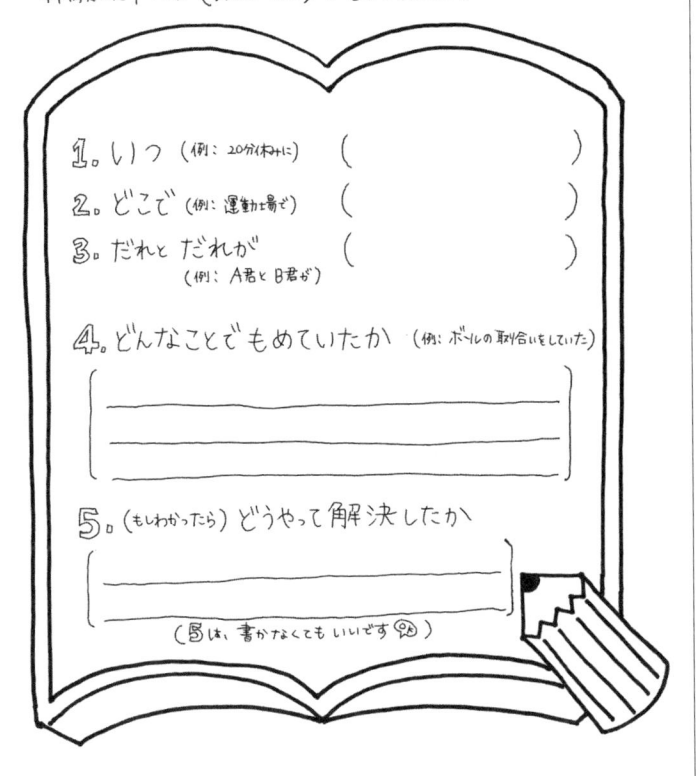

ピア・メディエーション指導用シート1

☆トラブル発見シート☆

トラブル発見！

年　組（　　　　）

クラスのみんなで考えるために、あなたが見たり聞いたり、実際に体験したトラブル（けんか など）を書いてください。

1. いつ（例：20分休みに）　（　　　　）
2. どこで（例：運動場で）　（　　　　）
3. だれと だれが　（　　　　）
   （例：A君と B君が）
4. どんなことで もめていたか（例：ボールの取り合いをしていた）
5. （もしわかったら）どうやって解決したか

（5は、書かなくてもいいです♪）

①鬼ごっことドッジボール、どちらで遊ぶかでトラブル
②筆箱を落としたのに「わざとじゃない」と謝らない
③昼休み、どっちがボールを片付けるかで言い合い
④悪口を言った、言わないでトラブル
⑤帰ってからどちらが○○さんと遊ぶかでトラブル
⑥殴り合い（つかみ合い）のけんか

そして、それぞれのトラブルについて、「間に入って止める」「一応声はかける」「何もしない」のうち、どのように対応するかをアンケート調査しました。その結果「間に入って止める」と答えた子どもは、どの質問項目も3割程度しかいませんでした。つまり「7割の子どもは、目の前でトラブルが起こっていても止めない」という結果でした。この数字に各担任はショックを受け、取り組みの必要性を痛感しました。

心暗鬼な気持ちは、対人不安を強化します。

この傾向は、他者の目が気になる思春期頃にピークに達します。このような不安な気持ちを少しでも払拭するために、「もめごとはあってもいいこと」と考え、また、「安心して自分の気持ちを表明できる雰囲気」をつくっていくことが極めて重要です。

＜子どもの実態を知る＞

本実践で紹介している調査の実施は、取り組みを行う際に、大きな力を発揮します。子どもの実態を見極めるアセスメントの1つになります。

実は、本実態調査の結果と同じ結果が、いじめに関する国際比較研究でも見出されています（森田　2007）。それによると、小学校5年生から、中学校3年生までの子どもの傾向として、日本の子どもはオランダ、イギリスの子どもと比較して、年齢が上がるにしたがって「傍観者」が増加し続ける傾向にあります。それに対して、オランダ、イギリスでは、中学校1年生あたりで下げ止まり、その後、傍観者は減少する傾向にあります。逆に日本では、仲裁者が減り続けます。ということは、我が国の子どもたちは、いじめなどを見たときに、社会の一員として正義の行動に移さない、あるいは移せない傾向が高いと言えます。これは、これからの社

9 トレーニング① 話の聞き方

まず各クラスで「話の聞き方」について授業をすることになりました。子どもたちに「FELORモデル」を提示し、各クラスで話の聞き方の良い例、悪い例を教師が実演しながら示すのです。しかし、いまひとつ、子どもたちは実感がわかないようでした。そこで若い先生たちは、「自分たちで出演して指導用ビデオをつくろう」と、自作自演の映像教材、共通の指導計画をつくって授業に臨みました。

自分の担任の先生が画面に出てくるので、子どもたちには大好評で、食い入るように見ていました。その会を担う子どもたちの将来にとって、極めて憂慮すべき問題です。

詳細は、森田（2007）に譲りますが、本調査によって、身近な子どもの実態がわかるわけですから、教師の問題意識が変化するのも当然でしょう。実践を行うときには、実態調査を行うことが大切です。

指導用ビデオ「納得のいく断り方」

ピア・メディエーション指導用シート 4
☆すてきな頼み方☆
年 組（　　）

（設定例）消しゴムを忘れたので、隣の席の山本君に貸してほしい。
① 山本君、　② ちょっといいかな？
③ 消しゴムを貸して！　④ 今日、忘れてきてしまったんだ。

設定1　蛍光ペンを忘れてしまったので、山田さんに貸してほしい。
① 　　　　②
③ 　　　　④

設定2　色ぬりしていて赤色の絵の具がなくなったので、中村君のを使わせてほしい。
① 　　　　②
③ 　　　　④

設定3　家の用事で部活動を欠席することを顧問の先生に言いに行くので、同じ部活動の内田君についてきてほしい。
① 　　　　②
③ 　　　　④

設定4　〈自分で考えよう!!〉
① 　　　　②
③ 　　　　④

＜傾聴スキルなどのトレーニング①を行う＞

まず、必要なのは、人の話の聞き方です。案外できないのが現状です。体験を通して、具体的に学んでいくことが一番です。

話の聞き方は、Cole, T (1999)のFELORモデル（Facing 顔を向ける、Eye-contact 相手の目を見る、Lean 体を傾ける、Open 心を開く、Relax リラックスして）を使って練習します。我々は、それを「すてきな聞き方」と命名しました。すてきな聞き方によって、相手に安心感を与えることがわかります。安心感を与えられると、興奮していた感情が収まり、満足感が満ちてくることが経験されます。このような傾聴指導を丁寧に行うことを通して、コミュニケーションの質を高めます。

発想を転換して、まずは「聞き上手な子ども」を育てることから始めることです。そして体験したあと、感じたことを自由に表現させる。つまり感情を分

後、子どもたちが実際に相手の話を聞く場面をつくりましたが、とてもスムーズに活動ができました。

ビデオの有用性を確認したので、「人に何かを頼む方法」や「納得して断る方法」を考えるためのビデオもつくり、実際生活のなかでの場面を想定して、指導用シートを作成しました。クラスの実態に応じて、ロールプレイを実際に行うクラス等もありました。

10 トレーニング② AL'S（アルス）の法則

トラブル解消のためのルールとして、AL'Sの法則を教えました。カナダのブリティッシュ・コロンビア州キャンベルリバー第72学区で開発されたトラブル解決のルールです（Cole,T. 1999）。

```
          アルス
    AL'Sの法則
  アグリー
 A（Agree）→ 同意する
  話し合のルールを守る
    ①正直に自分の気持ちを話す
    ②しっかりと相手の話を聞く
    ③相手の言葉を決してさえぎら
      ない
  リッスン
 L（Listen）→ 聞く
    ・相手の話をしっかり聞く
  ソルブ
 S（Solve）→ 解決する
    ・お互い解決しようと努力する
                （Cole,T. 1999）を一部改変
```

メディエーターの心構えやルールがまとめられたもので、まず仲裁に入っていいか当事者双方に確認し、「相手の言葉を決してさえぎらない」などの話し合いのルールの確認をします。メディエーターは、できるだけ話し手に共感しながら聞くことを心がけ、そのうえで、「どうしたらいいかな」などと、当事者が自分たちで解決方法を考えるように仕向けます。決してメディエーターが解決法を決めるわけではありません。

かち合うこと（これをシェアリングと言います）を行います。

＜ピア・メディエーションの導入＞

いよいよ、メディエーションの導入です。導入のポイントは、「話し合いのルール」の確認と合意をとる段階です。

メディエーションの段階は、研究者によって違いはありますが、いずれも当事者と話し合いのルールを決める段階を設定しています。ここに取り上げた「AL'S法」は簡潔でわかりやすく、学校に導入しやすいモデルと言えます。

メディエーター（調停者）はあくまでも中立者で、解決を提案するのは、当事者双方であるという一貫した考え方で対応します。つまり、説得を含めた判断をメディエーターが下すのではなく、「判断保留（エポケー）」の態度でかかわるのです。そのときに明らかにするのは、次の3つです。

①双方の当事者に起こっている問題は何か（事実の明確化）

②問題となる場面において、当事者双方はどんな気持ちを抱いていたのか（感情の明確化）

③当事者双方は問題をどのように解決したいのか（願い〈ニーズ〉の明確化）

AL'Sの法則についても、子どもたちが理解しやすいように、先生たちはビデオを作成しました。具体的なトラブルをメディエーターがAL'Sの法則を使って解消していく様子を撮影しています。「悪口を言った、言わないでもめている」等のよくある場面を想定し、それをメディエーターが解決していきます。メディエーターが解決に向けて、ルールをしっかり提示して、互いの言い分を丁寧に聞いている様子を特に強調しました。

指導用ビデオ「AL'Sの法則」

11　ロールプレイ

ビデオのあと、各クラスでロールプレイに取り組みました。最初は教師がメディエーター役、子どもがトラブルの当事者役を演じましたが、ビデオの成果か、子どもたちも白熱の演技で応じました。徐々に子どもたちにメディエーター役を任せましたが、なかなかうまくいきません。すごい迫力でトラブルを演じる同級生に圧倒され、黙り込んでしまうメディエーター役もいました。しかし、そのシーンとした時間、クラスメートは固唾を飲んで見ていました。自分ならどうすると一生懸命考えていたのです。

ロールプレイのあと、意見交流の時間を持ちましたが、「最初の『話し合いのルールを守る』の説明が足りなかった」とか「もっと気持ちを聞いてあげたらいいと思う」とか、教師顔負けの意見が飛び出していました。

12　各クラスの取り組み

その後、各クラスの実態に応じて、子どもたちがピア・メディエーションに取り組むための土壌づくりに取り組みましたが、無理をしすぎないように配慮しました。自分たちで解決できないときは、先生に相談することを伝えました。メディエーション報告シートを用意したり、メディエーションに取り組んだ回数によって表彰状を出したりしました。声をかけたり話を聞いたり、先生に相談したりしても回数にカウントし、ハードルは下げました。

＜ピア・メディエーションは本音を語り合う場＞

ピア・メディエーションは、当事者双方が本音を出し合って解決するプロセスです。この「本音」は怒りの感情を伴っていますので、暴走しがちです。

話し合いのルールなしで進めると、一方が話しているときにさえぎる場面があった場合、「勝手にしゃべらないで！」などとメディエーター側が注意をし、当事者は注意を受けることになります。そのときの注意の仕方にニュアンスの違いはあっても、さえぎられた当事者は、メディエーターに言い分を聞いてもらえていないという感情を抱きやすくなります。

やがてその怒りは、注意した調停者に向けられるようになります。こうなると、当事者同士のトラブルは、当事者と調停者間の感情の問題にすり替わっていくことになります。メディエーターを「教師」に置き換えると、よく理解できると思います。

もめごとの大部分は、感情面での衝突です。そのような場面が出現したときに、あらかじめ合意したルールを提示し、「ルールに従ってくれるかな？」と伝え、従ってくれたなら「ありがとう」と返します。さらにルールを守って自分が話せるまで順番を待ってくれていたとしたら、「ルールを守ってよく待ってくれたね。えらかったね」な

13 意外なほど大きな成果

この結果、すべてのクラスでトラブル自体が激減しました。子どもたちが、ピア・メディエーションを実際に活用したいとうずうずしているのに、クラスにトラブルが起こらないという状態になりました。ピア・メディエーションを学ぶことを通して、相手の気持ちを考えるようになったり、自分で自分のメディエーションができるようになったりしたのかもしれません。結局、困った子どもたちは、隣のクラスのトラブルや他の学年のトラブルに介入していくようになりました。

取り組みがある程度進んだ段階で、再度「こんなときどうするアンケート」を実施しました。トラブル場面で「間に入って止める」と答える子どもが増えました（下図参照）。しかし「殴り合い」だけはほとんど増えていません。当初は「取り組みが中途半端だったのかも」という意見も出ましたが、よく考えると、今回の取り組みは話し合いでトラブルを解決する方法を学ぶもので、暴力に対するものではありません。この結果は、子どもたちがちゃんと考えて答えていることの証明になっていると考えられます。

「間に入って止める」と答えた割合（％）

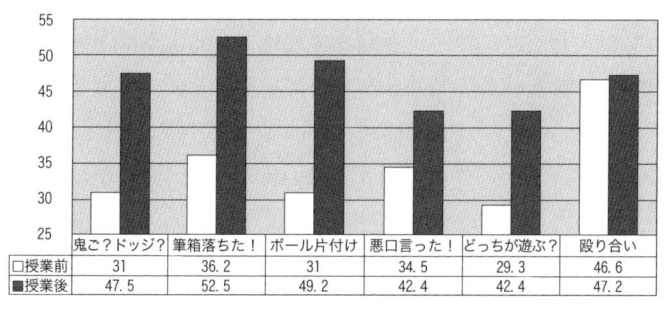

	鬼ご？ドッジ？	筆箱落ちた！	ボール片付け	悪口言った！	どっちが遊ぶ？	殴り合い
授業前	31	36.2	31	34.5	29.3	46.6
授業後	47.5	52.5	49.2	42.4	42.4	47.2

14 ピア・メディエーションは日本の教育を変える

この先生たちは、その後2〜3年で見違えるほど立派な先生になり、それぞれの学校で中核として活躍しています。

ある先生は「トラブルが起こっても慌てなくなりました。この安心感は非常に大きいです」と言っていました。「クラス開きの頃にトラブルが起きても、それをメディエーションで解決していくと子どもたちからの信頼が高まる」「子どもたちにピア・メディエーションの手法を教えていくと、学級から確実にトラブルが減っていくと確信で

どと、ねぎらいの言葉をかけてあげる（賞賛）ことが必要です。これが配慮のスキルです。

賞賛は、トラブルをよく起こす子どもにとってこの上ない喜びとなります。自分からルールを守ろうとする規範意識が芽生える瞬間と言っていいでしょう。

＜ピア・メディエーションの有用性＞

ピア・メディエーションによる指導は、トラブル解決の主役が教師から子どもに転換される指導モデルであると言えます。有用性をまとめると以下の諸点が挙げられます。

①学校教育に適合した安全な指導モデルである。
②「子どもに尊敬心をもってかかわる」（Axline, V.N 1947）という指導観で貫かれた指導モデルである。
③人の話の聞き方など良質なコミュニケーションモデルをベースとする指導モデルである。
④個別のカウンセリングモデルから学校教育指導モデルへシフトされた指導モデルである（したがって、これまで紹介されたカウンセリング手法が生かせる）。
⑤子どもが取り組みやすい指導モデルである（簡便性）。
⑥自分たちで解決できるという、子ども・教師に自信を与える指導モデルである。

きる」とも言います。

　ピア・メディエーションは、日本の教育を大きく変えるインパクトを持っています。子どもたちを育て、先生たちを育てる人間観とかかわりのための技法を持っています。日本中のクラスで実践され、子どもたちが自分たちでトラブルを解決する力を獲得し、さらに磨かれていくことを期待してやみません。

〈参考・引用文献〉
- Cole,T. 1999 Kids Helping Kids, Peer Resources, Canada 5, 154-157（バーンズ亀山静子・矢部文訳『ピア・サポート実践マニュアル』川島書店、2002年）
- 池島徳大「ピア・メディエーション（仲間による調停）プログラムの実践的導入に関する研究」『奈良教育大学教育実践総合センター紀要第16号』2007年
- 池島徳大「ピア・メディエーションに関する基礎研究」『奈良教育大学教育実践総合センター紀要第19号』2010年
- 森田洋司「教育課題としてのいじめ—いじめ問題を通じて何を教育すべきか」『教育展望』52（2）4-11、2007年

⑦教条主義的傾向から脱却し、具体的解決を志向した指導モデルである。
⑧感情への着目が対応の鍵となることが知覚できる指導モデルである。
⑨子どもによる解決が難しい問題の場合、大人の介入を求めるなど、限界設定等の対応策を持つ指導モデルである。
（本稿では解説略）

> **まとめのコメント**
>
> 　我が国にピア・メディエーションの考え方が導入されてまだ日が浅く、研究レベルでは行われているものの学校教育への応用は始まったばかりです。
> 　本来、ピア・メディエーションは、最終的には子ども同士で調停できるようにする取り組みです。しかし現状では、教師が体験を通して技法を獲得していくことが先決です。これまで学んだカウンセリングの知見を生かし、ぜひ身につけていただきたいと思います。本実践のより具体的な内容については、下記の書籍で紹介していますので、ぜひ手に取ってご覧ください。
> 　『ＤＶＤ付き　ピア・サポートによるトラブル・けんか解決法！—指導用ビデオと指導案ですぐできるピア・メディエーションとクラスづくり』（池島徳大監修・著、竹内和雄著　ほんの森出版　2011年）

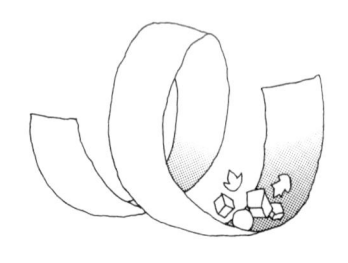

コラム

ピア・サポート活動、ことはじめ
高知県の場合

池 雅之　高知工科大学准教授

【キーワード】　行政主導／日本ピア・サポート学会関係者支援による全県導入

　高知県は県教育委員会主導によって、7年間にわたりピア・サポート活動が導入されました。試行として高知市内の中学校1校からスタートし、事業化初年度は県下8校の公立中学校が指定されました。翌年には高校2校、その翌年には新たに8校の公立中学校が加わりました。各校の指定期間は2年間に設定されました。

　ピア・サポート活動の本格的な始まりは、2泊3日の大川村でのピア・サポート推進校合同研修会（生徒交流会）からです。8つの中学校から各10人程度の生徒たちと担当教諭、教育委員会の関係者、総勢およそ100名が集い、ピア・サポート活動の概説から様々なプログラム、活動のあり方を学んでいきました。

　合同研修会には、講師として日本ピア・サポート学会から森川澄男先生、菱田準子先生、小川康弘先生においでいただきました。研修では、生徒たちが実際に体験することで、より理解が深まるようなセッションが繰り広げられました。

　3年目より県を東部、中部、西部の3地区に分け、それぞれの地域で1日研修会を展開していきました。この研修会では、先行指定校各校の活動紹介も加わり、ピア・サポート活動の広がりが見られました。

　東西に広い本県の地理的条件をカバーするために、先ほどの3人の先生に加え大木みわ先生にもご協力いただき、各校で生徒や教職員向けの研修会が開催されました。地域に分けた研修会にすることで、学校や地域の状況に合わせた研修となり、生徒理解の深まりとピア・サポート活動の重要性が身近に浸透するきっかけとなりました。

　各校での取り組みは個別性が尊重され、生徒同士の相談活動やワイド相談、ボランティア活動を組み入れた活動、仲間づくりとして四万十川の川下りなど、その地域ならではの独自の活動もありました。

　最終年度は人間関係づくりの教員向け冊子が作成され、より発展的な形態になりました。それぞれの指定校では、指定期間後も生徒会と合同の研修会を開催する学校や、学級でピア・サポート活動を活用する学校、ピア・サポートのエッセンスを取り入れて生徒会が新入生歓迎のレクリエーション行事を行う学校などもありました。

　このようにして始まった高知県でのピア・サポートの息吹は、中高校にとどまることなく、高知の大学2校（大学主導型・サークル活動主体型）での活動として、現在も受け継がれています。

第6章 スクールカウンセラー・地域の
ピア・サポート実践

いじめ予防の5年にわたる
継続的ピア・サポート活動

伊藤洋子 東京都区立小学校相談員　　コメント：栗原慎二 広島大学大学院教授

【キーワード】不断にいじめ予防活動／全ての子どもの心に傷／いじめ予防にはピア・サポート活動／「子どもが主役」を第一／子どもの心に響く／自信とやりがい達成感

中規模の公立小学校（17学級555名 '11年3月）相談員として取り組んだ、いじめ予防の5年にわたる継続的活動を報告いたします。（＊'06年4月-'11年3月同一校）

なぜいじめ予防に取り組んだか？

子ども時代のいじめられ体験をはじめ、公立中学校教員、国立大学及び公立小中学校における教育相談等長年にわたる児童生徒学生との関わりの中で、「子どもたち一人一人を大切にし、子どもたちが自分のよさを見出し、それを伸ばし、存在意義や自己実現の喜びを実感できるような学校」〔中央教育審議会第一次答申（'96年7月）〕にするためには、いじめ予防の不断な取り組みが必要であると痛感しました。

いじめは、加害、被害、傍観を問わず全ての子どもの心に傷を残す深刻な問題です。

いじめは、個人相談では根本的には解決しません。いじめの当事者は、かつてのように少数の加害者と特定被害者だけではなく、多数の加害者（34％）と加害経験を持つ被害者（28％）などケースごとに変わり、さらに傍観者がいて学級の多数が実質的に関わっています。チクリへの報復やいじめられを恥とする被害感情、大人への不信などから、いじめの実相は一層わかりにくくなっています。

いじめ予防には、ピア・サポート活動が打ってつけ

このようないじめの予防には、子どもの集団意識いわば文化の変革が不可欠です。それには集団内部の自主的な活動、子どもの発想による子どもから子どもへの働きかけが適しています。子どもたちも、仲間といっしょに自分らしさを発揮し人に喜んでもらう活動への参加を求めていま

←ここが実践のポイント！

いじめ被害者を守るのではなく、「いじめ予防」によって、被害者だけでなく加害者も出さないというスタンスが伊藤先生の実践には貫かれています。

←ここが実践のポイント！

いじめが個人的な問題ではないことは、例えば『いじめ追跡調査 2004-2006 Q&A』『いじめ追跡調査 2007-2009 Q&A』（文部科学省国立教育政策研究所）などを参考にしていただけるとよくわかります。

←ここが実践のポイント！

いじめを個人の問題ではなく、子ども社会の問題として捉えることで、子ども社会に対するピア・サポート活動という観点が生まれます。

す。
　それは、正に「ピア・サポート」活動です。

「ピア・サポート講座で」理解と興味を

　ピア・サポート活動への理解と興味を深めるために、高学年総合の時間を活用して約10時間、演習型授業で講座を開きました。主な授業項目は次の通りです。
・ピア・サポートって？（ビデオ、実演）
・よいとこ発見（自分、友達）
・伝え合うって？（コミュニケーション演習）
・トラブルの解決法（モデル演技）
○工夫したことは次の通りです。
　：ロールプレイのモデルに子どもを起用
　：いじめ劇やカナダの学校のビデオ、絵本を活用
　：子どもの反応や意見を基に絶えず改良
　：学年の実情、生活目標に合わせた柔軟な内容
　：班や仲良しでなく無作為なグループ編成

ピア・サポーターの編成と運営

・「ピア・サポート講座」最終回で公募の予告
・ピア・サポーター公募（高学年対象）
・サポーター数　各年度9人～21人
・応募サポーターの特徴
　いじめられ体験者が多い、いじめをなくしたい強い思い
・サポーターをキッズフレンドと子どもが命名
・教育相談活動として位置づけ
・活動日　毎週水曜中休みと放課後、金曜中休みと昼休み
・活動内容（活動本部はキッズルーム＝教育相談室）
　：ミーティング（困ったこと、アイディア）
　：トレーニング（サポーター用）
　：係活動（新聞係、イベント係、相談係、劇係）
・トレーナーの姿勢
　：「子どもが主役」を第一（出番を多く、やりたいように）
　：必要な指揮も（いいとこ取り許さず）
　：個別相談で支え（交換ノート、面談）
　：保護者への説得（学業、塾優先との調整）

←ここが実践のポイント！
　ロールプレイやいじめ劇など、体験型のトレーニングを取り入れることで、他者理解の深まりが得られます。また、海外の活動の実際を視覚的に見せることで、子どもたちはモデルを得ることになります。
　教師主導ではなく、子どもと共に活動を創造していくという観点は重要です。

←ここが実践のポイント！
　サポーターの「いじめをなくしたい」という思いがベースにあり、その思いを生かしているからこそ、伊藤先生の実践が生まれているということを強調しておきたいと思います。

←ここが実践のポイント！
　スーパービジョンはサポーターグループを対象にして行う場合もありますが、一人一人のニーズに応えることも重要です。

感性に訴える「いじめの再現劇」

このような準備期間の後、キッズフレンドは様々な活動を展開しました。もっとも力を入れたものが「いじめの再現劇」です。再現劇は、事実をもとにした台本で、顔見知りの同級生、上級生が演じていることから問題を共有、共感できる有効な手法です。

台本づくりから実演まで全てをキッズフレンド（サポーター）が制作、全員で取り組みました。

5年間に、「仲間外れ」「死ね」「心の中が切れていく」「ナルシいじめ」「無視」「こうもりタイプ」「弱い者いじめ」「あだ名」「悪口」「もうガマンできない、みんな助けて！」など20本以上を制作（各15分くらい）子どもの実態に合わせて、学級、学年、朝礼で上演しました。

上演プログラムは次の通りです。
① 実施済みアンケート結果の説明、劇の目的、内容紹介
② 劇の実演
③ 出演者全員が今の気持ち、いじめ防止への思いを発表
④ 観客児童が、感想、体験、意見を表明
⑤ アンケートをキッズフレンドが直接配布、回収
⑥ 劇以外の活動紹介、時間があれば演習、ゲーム

次に実際場面の一部を紹介します。

《実演前の呼びかけ》
「みなさんは去年のキッズフレンドの人たちがやった『仲間はずれ』という劇を覚えていますか？劇の後も悪口や無視がなくなりません。3年生では、半分以上の人たちが悪口を言っているとアンケートで分かりました。4年になると悪口が急激に増えている結果も出ています。今回の劇も実際にあったいじめをもとに私たちが作りました。『死ね』と言う劇です。見てください。」

《いじめ再現劇「死ね」》（台本）－ある日の朝の教室－
A（女子）「おはよう」（暗く沈んだ調子のいじめられの子）
g（女子）「何で学校来てんの？まじ死んで欲しいんだけど」
A　　　（何も話さずさらに暗い状態になっていく）
g　　　「無視しないでくれる。死んで！」
A　　　（泣き出す）
h（女子）「泣き虫じゃん。そういうのまじキモイんだけど」

←ここが実践のポイント！

いじめ劇は、子どもたちの実体験がベースにシナリオ化されています。このような取り組みは、一つ間違えば子どもの心の傷を深める危険性を伴うわけですが、同時に、その傷を癒し、昇華することも可能にします。

伊藤先生の実践は子どもたちへの愛情とカウンセリングスキルに支えられた丁寧なかかわりがベースにあり、それがこのようなシナリオ化を可能にしたことを強調しておきます。

←ここが実践のポイント！

学校の実態調査を踏まえることで、子どもたちにも、教師たちにも説得力を持つと思います。

←ここが実践のポイント！

ここで取り上げられているいじめは、身体的ないじめではないため、教師から発見しにくく、それが実態の捉えにくさと指導や支援の困難さを引き起こします。しかし、教師には「発見」も「支援」も困難ないじめであっても、実

―翌日、教室で―
A　　　（何も言わないで床にすわる）
i （女子）「何でまだ学校来てんの？、クラスの雰囲気が悪くなるんだけど」
j （女子）「教室臭くない。もしかしてAが来たからじゃん」
k （女子）「そうかも。そうかも。」
A　　　（泣きそうになってくる）
l （女子）「また泣いてるよ」
h　　　「昨日も泣いてたよね。本当キモイし、ウザインだけど・・・」
g　　　「この教室にいないでくれる」
j　　　「転校してくんない」
A　　　「え～？」（ますます暗く沈んだ調子で）
j　　　「なに？何か文句ある？」
A　　　「や、別に何でもないけど」（暗く沈んで）
g　　　「じゃあ、ていばんのあれやる？」
全員（女子6名、男子3名）「いいよ」
全員　「死ね！」「死ね！」「死ね！」「死ね！」「死ね！」
―次の日からAは学校に来なくなりました。―
（観客へ呼びかけ）「みなさん　人間　このようなことを言われ続けるとどうなると思いますか？」

《いじめ劇を見た子どもたちの反応》
　アンケートや上演後の観客児童の感想、意見表明から次のようなことがわかりました。
・身近ないじめの再現に驚く
・出演者のいじめられ体験の真情の吐露はすべての子どもの心に響く
・いじめられている子の苦しさを知る
・傍観者がいかにいじめを助長するか
・いじめられている子は「学校へ行きたくなかった」など誰にも言えない悲しくつらい気持ちを話しはじめる
・同情的な傍観者は「助けたいが自分がやられる、でもこれからは勇気を出して止めよう」
・冷ややかな傍観者は「性格が悪いからいじめられる、でもちょっとやり過ぎ」
・無関心な傍観者は「いじめている人、いじめられる人、見ている人の気持ちがわかった」

は子ども自身は当事者であり、容易に「発見」できるし「支援」もできる立場にいます。

◆ここが実践のポイント！
　身近な友達による、身近な問題についての、真剣な演技は、子どもたちの心を揺さぶるものです。
　大人によるいじめ指導では手が届かない、子どもの心の奥深くにメッセージが届くところに、いじめ劇の良さがあると思います。

- からかいの子や仲間はずれを恐れる子は「まずいな、もうやめようかな」
- いじめている子は、「どうも、やりにくくなった」

子どもの発想ならではのキッズフレンドの活動

次に子どもの発想ならではの活動を紹介します。事前にチラシや放送で知らせ、「キッズフレンド」のメタルをつけて活動します。「何かあったらキッズに相談できる」という安心感、親近感が生まれます。

人気イベント「遊び隊（た〜い）」

短時間で準備できカラフルで楽しめる風船を使った遊びや紙飛行機大会が受けました。風船バレー、ゴミ袋に風船をつめた大玉送り、細長い風船でチャンバラ大会です。手作りの景品も用意しました。

悪口やめよう辻説法「ノボリ隊」

チンドン屋風に"やめよう！「消えろ」「死ね」「うざい」「とろい"と大書したノボリで校内を練り歩きました。下級生が「何？」と面白がって寄ってきます。すかさずキッズフレンドが「こういう言葉を使わないでね」と話します。

なんでもどこでも「ちょこっと相談」

子ども専用相談箱への相談と臨時相談があります。いじめや友達関係の相談が多く、週に5〜6件です。

粘り強く話を何度でも聞く、手紙の交換、「ぼくがあいつに話す」的な直接介入など、キッズフレンド一人一人の個性で解決しています。トレーナーは見守りつつ状況により介入します。

ポツンとしてる子いないかな？「教室・校庭訪問」

一人ぼっちの子に声かけします。本人の「今やりたいこと」に合わせ絵本読み、勉強、亀やメダカの見学に行きます。

編集人の個性いきいき「フレンド新聞」

B5判チラシ型、新聞係の実名入りで自由制作します。4コマ漫画、劇画調イラストのメンバー紹介、いじめ記事の新聞スクラップ取り込み、子ども言葉とキャラクターイラスト入りなど、個性溢

←ここが実践のポイント！

子どもの発想を生かすことで、ピア・サポート活動は主体的で豊かなものになっていきます。

れ、子どもが手を出して受け取りたいものになりました。いじめは悪い、やめろと結論を押しつけず、「どう思いますか？」の問いかけに徹しています。

機会あるごとに聞く「いじめアンケート」

ピア・サポート講座や劇の後、いじめ調査、悪口調査など活動の企画時や実施後、いじめの発生時など機会あるごとにアンケートをしました。キッズフレンドが直接配布、回収します。たびたびの実施で、子どもは気遣い無く率直に、その時感じていることや事実を書いています。劇の台本づくり、ノボリ隊の「悪口」の選択など全てのキッズフレンド活動に反映しています。

- いじめの実態が正確に掴めるようになりました。
  いじめた34%　いじめられた38%　両方28%
  いじめはある43%　ない18%（'08年2月5年生94人）
- どんな悪口か具体的にわかりました。

悪口アンケート結果（'09年12月実施　小学校4-6年生合計409名）

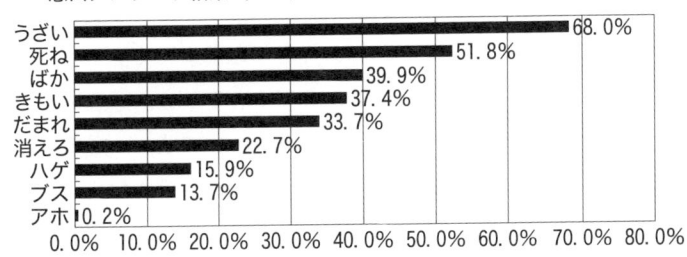

悪口	%
うざい	68.0%
死ね	51.8%
ばか	39.9%
きもい	37.4%
だまれ	33.7%
消えろ	22.7%
ハゲ	15.9%
ブス	13.7%
アホ	10.2%

頻繁な「お知らせ活動」

全校朝礼で、ショート劇、看板、模造紙を使って呼びかけやキッズフレンド活動の紹介をします。給食時に「キッズフレンドから」の校内放送を流します。トレーナー（相談員）は、子どもたちの活動の様子やいじめの実態を常時「学校だより」「相談室だより」「キッズルームだより」で保護者、教員に知らせます。頻繁なお知らせは、子ども、教員、保護者の全てにいじめ予防活動の理解を広げます。

いじめによる不登校児への支援

キッズによるいじめ予防活動が始まって以来、不登校は無かったのですが、突然キッズフレンドの同級生が学校へ来なくなりました。いじめ予防の活動中にいじめが原因の不登校です。すぐにキッズフレンドは話し合い、今自分に

←ここが実践のポイント！

自分たちの活動に対して、的確な評価が提供されることが重要です。子どもたちの反応の中には、良い反応も多くある一方で、厳しいものもあると思います。それを伊藤先生は、建設的な形で消化できるようにされているのでしょう。

ピア・サポートプログラムの構成要素の1つにスーパービジョンと呼ばれる活動があります。そのスーパービジョンの中に、こうした評価をきちんと位置づけることで、次の活動への良い準備と動機づけができます。伊藤先生の実践では、それを子どもからの評価によって行っており、その点で非常に優れていると思います。

←ここが実践のポイント！

不登校になった児童生徒に対する支援にピア・サポーターが取り組むことは当然ありえます。しかし、事態が深刻

何ができるかを考え、本人に会う、電話をする、手紙を書く、いじめている子たちと話し合うなど行動しました。

　キッズフレンドの保護者は、不登校児童の保護者、いじめた子たちの保護者、同級の保護者に声をかけ、懇談会を開きました。キッズルーム（教育相談室）では毎月「子育てなんでもおしゃべり会」を開いていたのでさほど抵抗無く、不登校児童の保護者の話を聞くことができました。責任追及ではなく、「成績にこだわったので、それも原因か……」など子育てへの反省が話されました。その後、支援を続け、キッズルーム登校と学校行事にキッズフレンドの同行で参加するようになり卒業できました。問題発生後の対処の大変さを経験し、改めて予防活動の重要性を痛感しました。

キッズフレンド活動の評価

　いじめ予防のキッズフレンド活動は、全校の子どもに大きな影響を与えました。いじめ予防という認識が全校に広がり、いじめが減少しました。気軽にいじめの話ができる雰囲気になり、「からかい」「うわさ」「悪口」も、いじめとして扱えるようになってきました。キッズフレンド活動は、いじめ予防に役立っているかのアンケート（平成22年3月）の結果、3年生88名中93％、4年生101名中71％、5年生68名中68％が役立っていると答えています。

　これは、いじめ予防という明確な目的のもとに、子ども自身が手づくりで子どもに働きかけた活動だからです。子どもは、活動する場と見守るトレーナーがいれば驚くほどの力を発揮します。

　教員は「それなりの成果がある」「下校の遅れ、キッズ活動を優先される心配がある」（5点満点の3.8点）とし、保護者は「キッズフレンドがあるからいじめにあっても安心」「塾がおろそかになるのが困る」と評価しています。

　キッズフレンドの成長は著しいものがあります。
・いじめられタイプで自信喪失状態の子が、いじめた子のいる前で劇をやり体験を告白、いじめをやめようと訴え、いやみに対しても言い返せるようになりました。
・遊び隊長として隠れていた持ち味を発揮、人気者に変身しました。
・フレンド新聞が好評で消極的な子が活発になりました。

なだけに、より高度なスキルや丁寧なスーパーバイズが必要になり困難が伴います。学校教育として考えた場合、より予防的な活動に力点を置くほうがいいでしょう。

←ここが実践のポイント！
　保護者や教師のアンケートの結果を見ると、肯定的な評価の一方で、活動に没頭することへの懸念を持っているようです。こうした懸念はいつもあるものですが、重要なのは、独りよがりにならないようにきちんと評価を行うことです。そうすることで、保護者や教師からの意見を生かした、バランスの良い活動ができると考えられます。

←ここが実践のポイント！
　ピア・サポートプログラムの目標は、サポート活動を通じて学校風土が耕されていくことですが、もう1つ、サポーターが人格的に成長することも大きな目標です。この記

成長の源泉は、自分で考え活動することにより自信を得、活動が一般児童に受け入れられ感謝されることでやりがいを感じ、周りから認められて達成感を味わうことです。

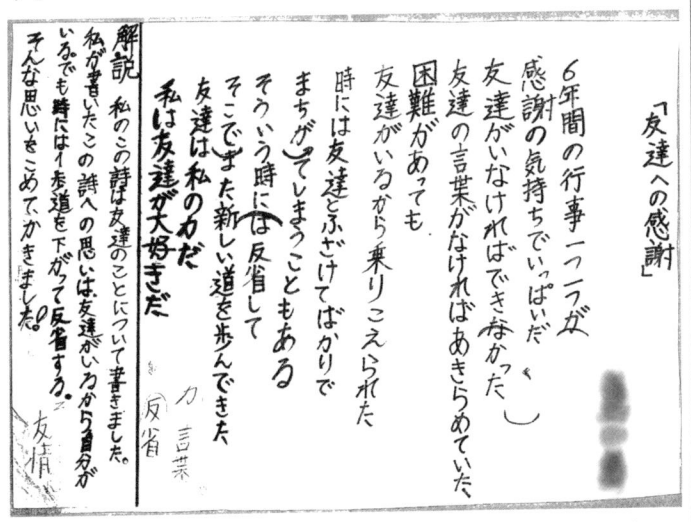

述を見ると、その目標が達成されていることがわかります。

ピア・サポートの本質は、「困っている隣の友達へのサポート」です。子どもたちがそのような活動に主体的に取り組んでいるところに、「サポーター」として成長していることがわかります。

「友達への感謝」

6年間の行事一つ一つが感謝の気持ちでいっぱいだ
友達がいなければできなかった
友達の言葉がなければあきらめていた
困難があっても
友達がいるから乗りこえられた
時には友達とふざけてばかりでまちがってしまうこともある
そういう時には反省して
そこでまた新しい道を歩んできた
友達は私の力だ
私は友達が大好きだ

力　言葉　反省

解説
私のこの詩は友達のことについて書きました。私が書いたこの詩への思いは友達がいるから自分がいるでも時には友達を下げて反省する。そんな思いをこめてかきました。

友情

今後の課題

学校現場は、自主的活動の時間がますます取り難くなっています。児童と教職員の多忙は、有効な活動も受け入れが困難になってきています。しかし、指導できるカウンセラーや相談員が教員と連繋し、予防的教育相談活動として位置づけることで打開できると考えます。

> **まとめのコメント**
>
> 本実践の第一の特徴は、活動の中心にいじめ予防を置いている点です。そのことによって子どもにも、保護者や教師にも、活動の意義や目的の理解を容易にしています。
>
> 第二に、子どもたちのアイデアと手作り感にあふれた、子どもを主役にして活動が展開されている点です。だからこそ子どもたちは「やらされている活動」ではなく「自ら進んでやっている活動」であると自覚し、それが子どもたちの成長につながっています。
>
> 第三に、評価活動です。評価をきちんと取り入れて実践を常に修正し、より良いものにしている点は見習う必要が大です。
>
> 最後に、このような活動が可能になっているのは、伊藤先生の5年間という長く粘り強い取り組みがあったこと、また、子どもたち一人一人への丁寧で温かいサポートがあったことは言うまでもありません。

心の手をつなごう
高崎市中央公民館ピア・サポーター養成講座から

森川澄男 育英短期大学教授
中原國子 桐生大学非常勤講師
コメント：**高野利雄** 武蔵高校・中学校 スクールカウンセラー

【キーワード】心の手をつなぐ／地域からの支援／異年齢集団／地域・家庭・学校の連携

　ここで紹介するのは、群馬県高崎市が「ピア・サポーター養成講座」として平成14年から毎年継続して開講した実践です。9年間で351名のサポーターが誕生しています。

　近年、友達と交わるのが苦手な子、一人で悩んだり困ったり孤立する子、すぐキレる子等、日々の生活で最も大切な人間関係がうまくとれず、いじめられたり、不登校になったり、問題を抱えて困っている子どもたちが増えています。

　そのような状況のなか、学校5日制が実施された平成14年4月から、学習指導要領のもと、「生きる力」を育てることを重点に、様々な取り組みが行われています。高崎市でも矢中小学校・八幡中学校・高崎経済大学附属高校などで、子ども同士で困った仲間を支援する「ピア・サポート」活動が取り組まれ、効果を上げています。

　高崎市中央公民館では、地域の側からも支援していきたいと考えました。そして、全国に先駆けて小学生・中学生・高校生（大学生や教師も参加）を対象に、困っている友達を支援するために必要な支援の方法を学ぶため、専門の講師陣（日本ピア・サポート学会のピア・コーディネーター4名）を迎えて、「ピア・サポーター養成講座」を開催することになりました。上手なコミュニケーションの取り方を中心に、心を開き人間関係の様々な手法を楽しい体験を通して学ぶことで、多くの受講生が豊かな人間関係づくりができるようになりました。

　以下、実践の概要を紹介します。

1　実践目標

①地域や学校で困っている友達を支援する：友達のいない人、落ち込んでいる人、いじめられている人、転校して

←ここが実践のポイント！
　行政が「ピア・サポーター養成講座」を開講するということは、ピア・サポートが一定の評価を受けているということです。地道な活動を継続していく勇気が与えられます。

←ここが実践のポイント！
　「ピア・サポートは、支え合うことを意識してのコミュニケーションである」ということを強調することが、子どもたちのモチベーションを高めます。

←ここが実践のポイント！
　トレーニングの後の実践活動としてどのような事例があ

きた人、不登校傾向の人、心配事のある人、障害のある人
② 仲間づくり：学級や部活動を通しての仲間づくり、友達の輪を広げる
③ 学習の支援：仲間同士での勉強の促進、学習で悩んでいる人への支援
④ グループのリーダーとして働く：学級やみんなのために役立つことを率先して進める
⑤ 相談活動：困っている人への相談、ピアボックスを通しての相談
⑥ ピア・サポート活動の校内への普及・浸透：ワイド相談の実施、オアシス（相談室）を開放し、安心して交流できる場を広げる、ピア・サポート新聞の発行
⑦ ピア・サポートチームの仲間づくりと顧問・スクールカウンセラーとの連携

2　活動のねらい

ここでの研修を学校の内外に広げ、思いやりの心・支え合いの心を育み、温かい地域・学校・家庭生活をみんなで創ります。

3　活動の手順

① 公民館関係者と講師陣との打ち合わせ
② 講座名：心をつなぐピア・サポート
③ 対象：高崎市内に在校・在住する小学生・中学生・高校生30名
④ 回数：平成14年、15年、22年　　8回
　　　　平成16年、17年、18年　　9回
　　　　平成19年、20年、21年　　10回
⑤ 時間：平成14年、15年は1回2時間半で20時間
　　　　平成16年以降は、1回2時間で18～20時間
⑥ 指導者：主任講師1名　講師3名　アシスタント2名
⑦ スタッフ：（公民館側）館長、教育係長、専門主査4名
⑧ 募集：高崎市発行の広報紙、市内の小中高校に募集要項を配布、各学校を訪問しＰＲ、校長会等での説明

4　学習プログラム

(1) 講座にかかわる仕事（受講生が手伝うこと）

るかを知ることで、モチベーションが高まります。また、地域での実践事例により、学校・地域・家庭の連携がさらに見えることになります。

←ここが実践のポイント！

様々な参加者によって構成される地域としてのピア・サポート活動でも、学校の先生に理解してもらい、勧めても

◎講座前
①講師の打ち合わせ
②用意するもの：チョーク、録音テープ、出席簿、学級日誌、カメラ、ビデオカメラ
③受付準備：名札並べ、当日の資料配付、会場のセッティング
◎講座後
①受講生が当番で：「公民館利用日誌」の記入、学級日誌記入
②全員で：使用教室の整理整頓（黒板、机等）、感想文のまとめ

表1　平成21年の学習プログラム

回	日	内容
1	5/30	開講式、リレーションづくりのミニワーク、エゴグラムで自分を理解する、ピア・サポートとは
2	6/6	仲間の不安悩みを考える、他人を理解する、支援する意味を考える
3	6/13	良い関係をつくる、聴く練習Ⅰ（良い聴き方、悪い聴き方）
4	6/20	上手な話し方（心地よい話し方・伝え方）
5	6/27	聴く練習Ⅱ（上手な質問の仕方、気持ちをつかむ聴き方）
6	7/4	問題解決の技法（問題解決5つのステップ）、上手な話し方
7	7/11	対立を解消するⅠ（悪者なしの調停の方法）
8	7/18	対立を解消するⅡ（身近な対立の解消）
9	7/25	活動の具体的な方法を考える（個人プランニング）守秘義務と限界、閉講式
10	12/12	交流会（1年を振り返って）

(2) 研修中の約束
①できるだけ自由な自分を表現する。
②相手の気持ちや感情を素直に表現する、積極的に行動する。
③仲間づくり・協力を大切にする。
④研修中の個人的問題については他言しない。
⑤楽しい思い出になるような研修をみんなでつくりあげる。

らうことが効果的であるとわかります。

(3) 受講生

表2　受講生の構成（9年間のうちの4年間）

	小学生	中学生	高校生	大学院生	保護者	教員
14年	1人	5人	8人	6人	2人	5人
18年	3人	17人	5人	1人	1人	3人
20年	4人	13人	2人	2人	3人	11人
22年	16人	11人	1人	1人	4人	1人
合計	24人	46人	16人	10人	10人	20人

①全体を通して中学生の受講率が高いが、計画された受講時期により小・中・高生の参加状況が変わっています。
②中学生は部活動の関係で6～7月の開講時期の参加が難しく、高校生は最近の土曜日補習の関係で参加が減少しています。
③小学生の参加が増えており、ピア・サポートに対する関心の高まりがうかがえます。

(4) 講座に参加したきっかけ
①学校の先生・スクールカウンセラーに勧められて。
②進路を心理学方面や教職方面に進みたいと考え、ピア・サポートを継続して学びたかった。
③校内のピア・サポーターとしての技量を高めたかった。
④学校で配布された案内を見て興味を持った。
⑤友達の良い相談相手になりたかった。
⑥去年参加してよかったので今年も参加した。

　参加した保護者の中には、不登校や引きこもり傾向の子を持つ方もいて、保護者間のコミュニケーションがとれてよかったという声も聞かれました。また、引率してきた教師や、興味を持った教師、一般の受講生、相談員の方々は、異年齢集団の講座が和やかにスムーズに進行しているのを体験し、互いのパワーが高まったと述べています。

5 〈事例1〉心をつなぐミニワーク「あつまれ！ なかま」

学習プログラムの第1回として実施しました。
　〈進め方〉
①好きな教（かず）や季節、漫画、おにぎりの具などを尋ねる質問項目と回答の選択肢が書かれたワークシートを配付します。受講生は自分にあてはまるものに○をつけます。

②「あつまれ」と言われたら、自分と同じ仲間を探して集まります。

③集まったら、その仲間で氏名とそれが好きな理由を「一言」言います。

　好きなもので集まると、毎回メンバーがいろいろ変わります。あらためて、自分がどんなものが好きだったのかわかり（自己理解）、また仲間のこともわかり（他者理解）ます。

〈好きな理由の一言の例〉

夏：泳げるから、暑いのが好き、休みが多い、沖縄が好きだから

秋：食べ物がおいしい、秋に生まれたから

春：新学期、新緑、桜がきれい、いろいろ新しい

冬：お年玉をもらえる、クリスマスがある

〈振り返り〉

・楽しく集まれた。同じものが好きでもそれぞれ理由が違って、新しい発見があった。

・ほとんど同じグループになった人がいて、似ているなと思った。

・自分のこともわかったし、友達が何が好きなのかわかって親しくなれた気がした。

・漫画はいろいろな種類があって、自分の知らないものもあり、今度読みたいと思った。

・初めて会った人と仲良くなれた。

・大人も一緒に楽しめた。

〈本日の感想〉

・小６：いろんな人とふれあえたり気軽に話せたので、とても楽しかったです。

・中１：みんなそれぞれ個性があって感じ方も違うし、考え方も違うということがよくわかりました。次回も土曜日なら来ようと思います。いい学習になりました。

・中２：思っていたより面白かった。最初はもっと宗教的なものかと思っていたけど、そうではなく人とのかかわりを勉強できていいと思った。

・中３：ピア・サポートってどんなことをするんだろうと思っていたけど、とても楽しくいろいろなゲームで交流したりできてよかったです。また、参加してみたいです。

・高３：人数が多くて驚きました。中学生や小学生は元気があって面白かったです。これだけ集まると、様々な意

←**ここが実践のポイント！**

　それぞれのグループで、なぜ選んだかを聞き合うプロセスから自己理解、他者理解が生まれます。

←**ここが実践のポイント！**

　受講生に、その回の内容についての感想を述べてもらいますが、指導者はトレーニングの後の実践活動を意識していることが肝要です。

見や感じ方があるということが新鮮で楽しかったです。
- 大人：出会えてよかった、仲間っていいなあ、人と交わるのっていいなあ、と感じました。
- 講師：大勢の受講生で活気がありうれしかった。生徒の反応、大人の反応もよく、年齢を超えたピア・サポートが実践できたらと思う。2回目以降も大勢の参加を期待したい。

6 〈事例2〉問題解決の技法

学習プログラムの第6回として実施しました。

(1) グループワーク・トレーニング「ムシムシ教室の席がえ」

〈ねらい〉
- 人の話をよく聞いたり、タイミングよく話したりすることの大切さを体験する。
- 様々な情報を集め、まとめる方法を体験する。

〈進め方〉
- 4～5人のグループに分かれ、机を囲んで座る。
- 指示書、座席表、情報カード、ムシカードを配り、指示書を読み上げる。
- 制限時間は20分であることを知らせる。

〈まとめ〉

このゲームを行った理由は、問題を解決する流れを体験するためです。問題解決の流れは、問題（ムシムシ教室のムシたちの席がえを協力して行うこと）→ゴール（席がえができる）→情報（今回はたくさんの情報をカードで配り、それらの情報をまとめる）→解決、です。このゲームでは、みなさんに配られた情報カードを発表し合う中で、コミュニケーション力を身につけてほしいと思いました。

〈参考文献〉日本学校GWT研究会編著『学校グループワーク・トレーニング3』遊戯社、2003年

(2) 多様なアイデアを出す練習「ブレインストーミング」

(3) 問題解決の5つのステップ

〈本日の感想〉

A：問題を解決するには、他の人の協力が必要なのだと思いました。

B：みんなで協力してクイズを解くのは難しかったけど、うまくできたときはうれしかった。ブレインストーミングでは、さまざまな意見が出て面白かった。

←ここが実践のポイント！
実際に近いワークなので、「ここでの体験から学んだことを、どう生かしていけそうか」を話し合うと効果的です。

←ここが実践のポイント！
相互理解を深めていく良いコミュニケーションが、問題や対立を解決していくというところまで自覚していけると、トレーニングへのモチベーションが高まります。

←ここが実践のポイント！
良好な人間関係をつくる、積極性、自分の生き方を大切にするなど、行動の前向きな変化に注目したいところです。

C：今日の体験は、自分の悩みを解決することにも応用できるので、とてもよいものだと思いました。1つずつ解決していく、協力していくなど、幅広い学習ができました。ブレインストーミングでは、割り箸や新聞紙の使い方など、2時間でいろいろなことが学べました。

D：自分の意見を書いたり発表したりできたので、中学校でも自分の意見を主張したいと思いました。友達の悩みを解決できて、とてもうれしかったです。そして自分の意見を参考にしてもらえてうれしかったです。

E：自分の困っていることを、周りの人の考えも参考にしながら、最後は解決できることを学びました。とても気持ちが楽になれました。

7　受講生の変化

Aさんの変化を、本人の言葉で表にまとめてみます。

1年目	2年目	3年目
荒れてた。家でも学校でも衝突。学校のことが気になり引っかかっていた。不登校や引きこもりで悩んでいる人に会いたい。	人前では少しでも明るいイメージでいようとしている。面白い人との他人の評価はうれしいが、戸惑いもあり、素直に喜べない。ここに来てよかった。平和的になった。	ピア・サポートは変わるきっかけ。穏やかになり、リラックスできるようになった。おおようになった。素直になった。生きている心地がした。

Bさん：文学部心理学専攻、現在ボランティアとして、不登校生徒の家庭教師をしている。

Cさん：ピア・サポーターとして校内で活躍している。

Dさん：2年継続して受講。不登校を克服。今まで何で学校に行けなかったのかな。今は髪の毛を切って毎日頑張っている。去年みたくなりたくないから、笑顔で登校している。我慢が限界で、我慢をやめようと思っている。これからは自分も成長し、他の人にも成長してもらいたい。

8　各年度の講座を終えての考察

毎回、興味関心を持って学ぶ受講生の熱い姿勢が伝わってきました。この講座での学習を日常生活で生かしたいと考えたり、生きていく上で大切なことだと真摯に受け止め

◆ここが実践のポイント！

教育＝子どもを成長させる営みは、学校・地域・家庭が連携してなされることの好事例と言えます。

また、受講生の変容は、援助的な人間関係の体験学習プログラムの成果と言えます。

て日々実践する受講生もおりました。また、仲間の言葉が励みになり、受講生間でよい関係が築けている様子も見てとれました。

高校生のAさんが、「全国高校文化祭でこの体験を発表したい」という個人プランニングを立て、実際に全国に発信したことは、受講生・指導者・スタッフともども、とてもうれしいことでした。

*　　　*

受講生は体験学習を通して、自己を見つめ、他者に対する思いやりの心を育てることができたようです。改めて社会教育と学校教育との連携の大切さを感じました。

また、受講生が講座にかかわる仕事をしたり、研修中の約束を示すことで、初回から緊張せずに学習できる環境を整えることができました。

受講生の変容は、講座での学習だけでなく、休憩時間や研修前後の非公式なコミュニケーションによる変容も大きいと感じました。プログラムに従った公式のコミュニケーションと、意図を持った指導者との非公式的なコミュニケーションという構造が、うまく機能したと考えられます。

地方都市のコミュニティ施設を舞台としたピア・サポートの実践を通して、ピア・サポートのあり方を学ぶことができました。高崎市中央公民館の皆さんの熱意とご協力に、心から感謝いたします。

まとめのコメント

ピア・サポーター養成のトレーニングを、学校の枠を越えて実施することは、参加者が新しい出会いを楽しみながら、「人間としての共通性」を実感できるところに意味があります。いつもと同じ顔ぶれでは「うちら」の意識が生じかねないからです。

長年継続しているこの実践の成果として、異年齢、異業種の多くの理解者が現れており、地域づくりとしての意味合いにも大きなものがあります。トレーニングを終えた受講生が、地域や学校でどのような実践をしたか、それをどのようにシェアリングしたか、もっと知りたいと感じました。それがわかると、地域づくりとしての姿がもっと見えてくるように思います。

実践を問われることはきついことですが、実践をオープンにして他に問い、また自ら問い続けることが、よりよい実践へと進み続けるために不可欠なのだと思います。

コラム

スクールカウンセラーがかかわる リーダー生徒対象のピア・サポート活動

市川　諭　スクールカウンセラー

【キーワード】　ピア・サポートの導入／リーダー研修／効果の即効性

　ピア・サポートプログラムを学校に導入したいと考えるとき、難しいと感じる方も多いと思います。ここでは、そのような方の参考となるように、ピア・サポートを初めて導入した中学校での実践を紹介します。

　まず、準備段階でのポイントは、①学校課題を会議で明確にしたうえで、ピア・サポートプログラムを起案したこと、②外部講師を招いて教員研修を実施し、全教員にピア・サポートプログラム実施の理解を得、かつ実施者を3名集めたこと、③短期間で効果を得るため、リーダーの生徒を対象としたことでした。

　当校では、学校課題として「生徒の自主性を育てること」が挙げられました。そこで、ピア・サポートプログラムの目的を、「学校をよりよくするために、生徒自らが何をできるか考え、活動すること」とし、リーダー研修として実施することにしました。

　具体的には、G県の中学校の生徒会役員・部長（計20名）を対象に、トレーニング（話の聴き方、指示の出し方、協力の仕方）、プランニング、個人スーパービジョン、全体報告会の全6回（各1時間）を実施しました。

　実施段階でのポイントは、サポート活動の合間に教員によるスーパービジョンを設けることです。これにより、プランニングがあいまいだったり、活動がうまくできない子を教員がサポートしていきました。

　また、スーパービジョンで聞く内容は、「プランの内容」「うまくできたこと」「難しかったこと」の3つに絞り、1人につき10分間とし、簡潔で統一化された相談ができるよう工夫しました。

　実施の成果としては、①リーダーとしての活動は明確なため、教員が観察しやすく、サポート活動について生徒に明確な評価を与えることができたこと、②リーダーは能力や動機づけが高いため、少ない回数で効率的にピア・サポートの効果が現れたことが挙がりました。

　一方、課題としては、①引退や世代交代があり、短期的な効果になったこと、②リーダー集団の中でさえも、能力・意欲について大きな差があったことが挙がりました。

　このように、リーダーを対象にピア・サポートを実施する方法は、新しいことを導入する際、即時的な効果を求める学校現場に適した方法だと感じました。今後は、課題として挙がった反省点を改善して実施していきたいと思います。

コラム

誰でもどこでもピア・サポート、希望者から全生徒へ

中原國子　桐生大学医療保健学部看護学科非常勤講師

【キーワード】　不登校対策／豊かな人間関係づくり／教育相談委員会

　スクールカウンセラーとして勤務した高校における2年間のピア・サポート活動の実践を紹介します。

　本校の実態は、中学校時代に不登校傾向があった生徒の割合が非常に高く、学年によっては5割に近いほどです。また、いじめられた経験を持って入学する生徒も多く、学校や教師への不信感、友人関係の不安等を抱いて入学する生徒も少なくありません。マルチ検査によれば、不安感、自己否定感、学級不適応感が強く出ています。

　悩みを持っている生徒は、相談相手として友人を第一に挙げています。しかし、自分の感情や言いたいことを適切に表現することができなかったり、相手の気持ちを認めて受け入れられず、不適切な言動が目立ったりしていました。

　そこで、初年度は希望者を募って「話すこと」「聞くこと」を中心にトレーニングし、さらに2年目は、全校生徒を対象に総合学習の時間を使ってトレーニングを行いました。ピア・サポート活動の立ち上げについては学校組織としての協力体制があり、生徒の成長も素晴らしく、不登校生徒の90％以上が回復し、登校するに至っています。

(1)**実践目標**　自己成長と豊かな人間関係を目指して／誰でもどこでもピア・サポート

(2)**活動のねらい**　生徒の実態に基づいたピア・サポート・トレーニングの実践を工夫することによって、生徒が自己表現や人とのかかわり方を学び、自己成長し、相手を尊重するよりよい人間関係がつくれるようにする。

(3)**活動の手順**　①教育相談委員会での検討と承認、②管理職への打診、③職員会議での決定、④チームの結成と内容の検討、⑤サポーターの募集、⑥日程調整、⑦場の設定、⑧指導者：スクールカウンセラー・教育相談委員・各学年団（主任・担任・副担任）

(4)**活動の内容と方法**　初年度13回（長期休業中を含む）、2年目5回。トレーニング内容はスクールカウンセラーを中心に教育相談委員会で作成した。

(5)**結果と考察**　①不登校生徒の90％が回復し登校、②場面寡黙の生徒が生徒会役員に立候補し演説ができた、③小児まひの後遺症のあった生徒が大学進学、④ボランティア活動とリンクしての取り組み、⑤広報活動では地元紙などに掲載（上毛新聞や町の広報誌）、学校の入学案内での紹介、まとめの冊子の発行

コラム

ピア・サポートをＰＴＡ組織の中に
先生・保護者・子どもをつなぎ学校力を高める

本多利子 スクールカウンセラー

【キーワード】　ＰＴＡとの協働／保護者による学校支援／スクールカウンセラーを核としたピア・サポート

「モンスターペアレント」という言葉が広がり、先生と保護者の間の溝が、学校の力を低下させていることを痛感します。しかし、面接で保護者の話をじっくり聴いていると、子どもへの思いや、求める学校の姿は、先生と共通しているのです。そのような思いから、「ＰＴＡ組織の中にピア・サポート活動を入れよう」と考え、ゆるやかな活動を始めました（表参照）。

ログハウスのような相談室での毎月の「気軽におしゃべり会」。ピア・サポートの人間関係づくりのワークのあと、子育て・家族・先生・近所のことなど、熱気のある話にもなりますが、最後には「子どもたちのために、私たちの力を学校にどうつないでいくか」という、具体的な活動が提案されていきます。先生と保護者のパートナーシップ！　当然、風通しがよくなっていきました。

ピア・サポート活動に参加した保護者の方々は、「不登校の子どもの親の会」に出席して、つらい思いの親御さんを理解しようとしたり、相談室で雑談している子どもたちにそっと寄り添ったり。相談室が、保護者・先生・子どもをつなぐ「ゆるやかな核」になりました。ピア・サポートが、地域のつながりが持つ本来のパワーと、それぞれの人が持つパワーを結びつけたのです。

やがてこの活動は、学区の小学校のＰＴＡにも呼びかけられ、連続の「ピア・サポート講座」として、先生と保護者・子どもによる「いじめ防止劇」など様々な活動が企画されました。この活動は７年も続き、今は他の学校にも広げています。

スクールカウンセラーとして17年。学校という場でのカウンセリングは、たえず工夫された柔軟な発想が必要で「予防」もその１つです。その意味でピア・サポートは大きな支えでした。

ピア・サポートをＰＴＡや地域に広げていくことは、学校力を高めることはもちろん、社会全体をつないでいくのではと考え、学校の内に外に、広げる工夫を楽しんでいます。

表　2005年度 ピア・サポート活動報告書

5/15	例会（FELORでの聴き方練習、アサーション）
7/6	「クッキングセラピー」（エゴグラムによる自己理解）
7/21	子ども理解の五行歌集配布（生徒へ依頼7/7、提出・編纂7/11）
7/27 8/24	勉強サポート「夏休み、子どもたちに勉強を！」
9/21	例会（さまざまな感情、怒りのコントロール）
9/28	気軽におしゃべり会
10/5	例会（流れ星～コミュニケーション…わかち合い）
10/19	気軽におしゃべり会
10/22	わくわくフェスタ参加（クレープ屋出店、五行歌展示）
11/9	例会（アンゲーム、自分を語る・人を知る）
11/16	気軽におしゃべり会
12/14	例会（課題解決、ワーク）
12/21	気軽におしゃべり会
1/11	例会（いじめの劇づくり）
1/25	気軽におしゃべり会
2/1	例会（課題解決）
2/15	「クッキングセラピー」（振り返り）

コラム

非常勤相談員として
ピア・サポート活動支援にかかわって

神谷文子　岐阜聖徳学園大学学生相談室

【キーワード】　外部派遣非常勤相談員／学校風土／役割分担

　10年ほど前、私が茨城県の公立中学校で週2日の外部派遣非常勤相談員として勤務していたときの取り組みを紹介します。

　当時勤務校では、学校長発案でピア・サポート活動への取り組みが始まるところでした。コーディネーターは生徒指導主任、そして非常勤相談員（筆者）、外部講師（県派遣の臨床心理士）、養護教諭も加わり、試行錯誤を繰り返しながらピア・サポート活動支援を行いました。

　まず、取り組みにあたって大切にしたのは「**学校風土に即した計画を立てる**」ことでした。そのために有効だったのは、教員、生徒へのアンケートや意見の聞き取りです。

　立ち上げ当初は否定的な意見が多く、そのたびごとに「課題や否定的意見こそ大事」と考え、異なる立場の担当者間でアイデアを出し合い、改善方法を考えました。ピア・サポート活動は、様々な取り組み方法があり、学校風土に合った計画や修正が行えるかが、活動の定着に大きく影響すると実感しました。

　次に「**担当者の立場を生かした役割分担**」も大切なことでした。

　学校でのピア・サポート活動支援の中核は、あくまで教員です。しかしながら、非常勤相談員や外部講師には第三者的立場上の利点があります。例えば、教員同士の人間関係から、よくも悪くも一定の距離がとれます。また、「教師—生徒間」につきまといがちな「評価する側—される側」という立場から距離がとれます。そして、専門性を生かした研修を提供できるという利点もあります。

　私自身は、サポーター研修や活動のフォローアップでかかわらせていただきましたが、それらを通じて参加者（生徒・教員）と、普段とは違った面で知り合う機会がつくれました。

　ピア・サポート活動では、人間関係のスキルアップだけでなく、その活動に参加することで、お互いがより知り合える機会にもなります。互いを知り、関心を持ち合うことが、結果的に学校全体に「支え合う雰囲気」をつくり、それが生徒のピア・サポート活動の土台になっていったのだと思います。

　非常勤相談員としては、ピア・サポート活動支援にかかわることで、相談室で個別にかかわる場面以外の生徒の姿にたくさんふれることができました。生徒を総合的に理解する視点を得ることができたことは、私自身の教育相談活動にとって、非常に大きな収穫となりました。

コラム

医療におけるピア・サポート
その経緯と札幌太田病院での実践報告

根本忠典・小田島早苗・菊地俊一・太田耕平　札幌太田病院内観療法課

【キーワード】　医療／遊び・趣味・特技／日本心身医療研究会

医療分野のピア・サポートの歴史

医療分野のピア・サポート活動の歴史は古くからあります。アルコール依存症を克服するために、米国で自助グループＡ．Ａ（アルコホーリック・アノニマス）が1935年に創立されました。日本では、1963年に全日本断酒連盟が設立され、今では会員は約9,000人に増加しました。断酒活動が即ピア・サポート活動であり、その相互扶助が現在の当院の医療、看護、さらにはアフターケアに拡大しました。

ピア・サポートの導入経緯と実践

当院では、1944年の戦時中に農耕、除雪などの作業班、仲間同士のピア・サポート活動を導入しました。

1973年にアルコール依存症の治療にピア・サポート活動を採用し、退院した回復途上者が、4つの地域断酒会を設立しました。この成功体験から、ピア・サポート活動をいじめ、不登校、ひきこもり、ＤＶ、摂食障害、自傷行為、薬物依存症などにも拡大し、断薬会、女性の会、家族会、摂食障害の会などに発展しました。

2004年には、回復者による受容、共感を目的とした「札幌ピア・サポートの会」を発足しました。これまでに330回の定例会を開催しました（2011年6月現在）。2005年頃には、同じ疾患、境遇、同質体験を通したピア・サポート活動から、回復者と職員の趣味、特技を活かした遊戯・運動療法（小弓道・ミニダーツ・かるた・絵画…）など、明るく楽しい建設的なピア・サポート活動に発展しました。

これら多数のピア・サポート活動を総括し、サポーターを養成する目的から、2011年に「日本心身医療研究会」を設立しました。今では約260種類の専門療法をシステム化しつつあります。

ピア・サポートの当院での効果

いじめや不登校などの治療に努める理由は、教育課程修了後に、ひきこもり、ＤＶ、うつ、心身症などの悪影響を残す事例が多く、予防、早期治療が重要だと考えるからです。いじめや不登校の原因には、様々な心的外傷による人間不信、自己否定感、自信喪失、目標意識の欠如などがうかがえます。これらに対し、気軽で楽しいピア・サポート活動により、自己肯定感、成長力を高め、自信を回復した症例を多数経験しています。

境遇と経験の類似性、さらに仲間意識を活かしたピア・サポート活動は、心を癒します。遊び・趣味・特技・スポーツを活かしたピア・サポート活動は、健全な心と生きる目標獲得に役立ちます。

多数のピア・サポート活動を選択し、誰でも楽しく参加可能な受療者主体の医療は、症状や医療現場の改善に有効であると考えます。

コラム

公民館におけるピア・サポート活動

大竹孝光 町田市公民館障害者青年学級指導員　**霍田丸子（つるた）** 藤沢市小中学校スクールカウンセラー

【キーワード】　地域がサポーター／日常に息づく思いやり・支え合いの心／ウォーミングアップ・シェアリング

月1回の活動を継続

東京都町田市中央公民館で、地域の一般市民を対象に、日本ピア・サポート学会の養成プログラムに準じたピア・サポートトレーニング活動を続けています（2011年時点で5年目）。活動は、毎月1回、第4日曜日の午後1時30分から5時を基本としています。

毎回の活動での留意点

講師メンバーは、コーディネーターが森川澄男（特別講師）、大竹孝光、霍田丸子の3名、トレーナーが木村ミチ子、吉田冷子の2名です。

毎回の活動で留意しているのは、ウォーミングアップとシェアリング（振り返り）です。活動にスムーズに入るために、ウォーミングアップの工夫はとても大切だと思います。また、シェアリングは、その日のトレーニングを深めるのに欠かせません。ある程度の時間をとって実施したいものです。

講師と受講生との一体感

最初の1～2年は受講生が20余名と活気がありましたが、受講修了証をお渡ししたあと継続して参加する受講生が減り、新規受講生を募集するためのPR活動が課題となっています。

受講生のなかには、ピア・サポートを活かした障害者対象のボランティアを続けたり、ピア・サポートの全国大会に参加するような熱心な方もいます。

受講生は大人が中心ですので、内容が深まるにつれて、講師と受講生とが一体感を感じるようになります。「心が通い合う」という言葉でも表現できない、なんとも言えない温かい空気を味わうことができます。

地域においても、人間関係の希薄化には深刻なものがあります。人々は、人と人とのかかわり方に悩み、そしてかかわりを求めているように思います。

地域でのピア・サポート活動は、学校でのピア・サポート活動のような枠がありませんので、難しい面があります。ただ、枠のない自由な面もあります。学校でのピア・サポート活動と同様に、地域でのピア・サポート活動を大切にしていきたいと考えています。

最後に、現在も参加を続けている受講生の感想を紹介します。

「2007年、森川先生の研修を、当時小学校3年生だった娘と一緒に受けました。その折、バースデイ・チェーンを学んだのですが、娘はそれを覚えていて、中学入学後の新学期に、クラスでバースデイ・チェーンをやったと話してくれました。年齢に関係なく、良好な人間関係を築く方法を継続して学び、様々な気づきを得ていくことが大切だと実感しています。」（曽我部律子）

第7章 世界と日本のピア・サポートの動向

海外におけるピア・サポート

西山久子　日本ピア・サポート学会国際交流委員長　福岡教育大学准教授

　私たちは、海外で1970年代から少しずつ始められたピア・サポート活動に、海外の教育事情を知る人々を通して出合いました。自分の学校のＡＬＴ（Assistant Language Teacher）や、海外の教育事情を視察に行った先の学校での出合いが契機でした。様々な人がピア・サポートの取り組みに興味を持った理由は、「子どもたちの成長が見える活動」だったからにほかなりません。そこからそれぞれの地域で自分たち独自の活動を創ってきたのです。

1　ピア・サポート先進国での取り組みの概要

　ピア・サポートは、人が社会的な営みを始めた時期から、支え合いとして存在していました。近代になって、それを組織的・体系的に活用しようとしたのが、アメリカとカナダの取り組みでした。学校現場での勉強の教え合いに始まり、それが相談活動、対立解消、仲間づくり、学校業務のアシスタント活動、先輩としての指導・助言、グループリーダーなど、多岐にわたる活動へと広がっています（西山、2009）。

2　海外でのピア・サポートの具体例

　特に近年、アメリカ、カナダ、イギリス、香港などの実践を見ると、現場のニーズに合わせ、仲間支援の力を利用した多様な活動が目につきます。本学会では海外研修で各国の先進的なピア・サポートの取り組みを見てきました。ここ数年の訪問先から例を挙げても、Class Meeting／Quality Circle／Circle Time（クラス・ミーティングなど）、Student Ambassador（学生大使）、Peer Counselling（インターネットを通じた相談活動など）、Checkpoints for young people（若者向けチェックポイント）を用いた生徒会の取り組み、中高生による小学生向けいじめ防止劇など、様々なものがあります。

ピア・サポート活動例：West Ewell Infant School の取り組み（2011年訪問、イギリス）
学校の概要：３〜７歳（小学校２年生まで）の子どもたちが通う。全校約300名
活動内容：①ポジティブな学級風土の形成を目指す「サークル・タイム」
　　　　　②学校コミュニティへの貢献意識とリーダー性を育てる「児童会活動」
サークル・タイム：上級生（６〜７歳児）学級で、週１回程度実施。円座になり、教師のリードで自分の考えを表現し、他者の話を聴き、援助が必要な仲間への対処を考え、誰かに感謝する体験を学級全体で定期的に行う。仲間づくりのゲーム（必要に応じ内容は可変的）を行う。訪問時に紹介された流れは次のとおり。
①挨拶　②自他紹介　③楽しいのはどんなとき？　④悲しいのはどんなとき？　⑤誰かが悲しいときに何をしてあげる？　⑥位置の移動ゲーム（日本のフルーツバスケッ

> トの要領)⑦今日のスペシャルな友達(毎回1人ずつ円の中心に座り、級友から温かいなメッセージをもらう)⑧スクイーズ(手を握り、順に隣に反応を伝える)
>
> 児童会活動:この学校の上級学年である6～7歳児学級から選出され、リーダーとして「自分たちの学校を良くするためのアイディア」など、学校を居心地良くすることについて考え、コミュニティに貢献する姿勢を早期から育んでいる。

　この低学年だけで形成された学校の実践では、仲間づくりとして「サークル・タイム」を行い、学級全体のより良い風土づくりを行いつつ、クラス代表を選び、自分たちの学校をより良くするために何が必要か、自分たちは何ができるかを主体的に考える機会をつくり、仲間の中でのリーダーシップの形成を行っています。

　それぞれの国で行われている活動は、その地域や学校の現状と必要性に合わせ、さらに多様になることでしょう。もはやピア・サポートを行っていること自体に価値を見いだすのではなく、「より良い児童生徒の学校適応」に向けたスクール・カウンセリング体制、教育相談プログラム、生徒指導体制といった中に位置づけられて初めて意義あるものとなるのだと思います。「ピア・サポート導入」が目的なのではなく、「より良い学校づくり」のために、主体的な学校社会の構築を子どもと大人が一緒に考える、その1つの手立てとしてピア・サポート活動がある、ということになるのではないかと考えます。

3　海外の学校におけるピア・サポートを推進する人々

　海外の学校で、子どもたちのピア・サポートの力を引き出すのに欠かせないもう1つのものは、学校の中の様々な職種の人々です。イギリスでは、学校のスタッフではなく外部団体から学校に派遣されているスタッフが、ピア・サポート活動の推進を担っている学校がありました。アメリカでは、教育スタッフの一人であるスクールカウンセラーが、ピア・ヘルパーを監督するケースも多いようです。そして香港では、教育行政に所属する調査官たちが、各学校に配置されたガイダンス・マスター、ガイダンス・ティーチャーと連携して、学生大使のプログラムづくりを援助しており、様々な立場から推進が行われていることがわかります。

　これらの人々の活動は、私たちが実践をするうえでとても参考になり、この実践集で紹介された日本のピア・サポート活動の充実の原動力とも言える貴重な取り組みにも多くのヒントを与えてくれました。さらに、日本で独自に行われてきた活動の中に、海外で行われている活動と多くの共通性を見いだすこともできます。

　日本でも、少しずつ「ピア・サポート導入」が目的からその手段となる流れができてきました。私たちの現在の方向性と世界の動向に、大きな乖離はないと言えます。その一方で、香港などとも共通する「さりげなく人のためになることをする」という東アジア圏のピア・サポート、そして日本独自のピア・サポート活動も少しずつ明確になっています。

　今後も海外の仲間と情報交換し、積極的に成果を共有し、互いに高め合っていくことは、子どもたちをはじめ、すべての人々の生活の充実のために重要な活動と言えるでしょう。

・西山久子「ピア・サポートの歴史」『現代のエスプリ502』中野武房・森川澄男編集、2009年

ピア・サポートを中心とする
海外研修の意義

中村孝太郎　日本ピア・サポート学会資格認定事業委員長　財団法人田中教育研究所所員

　日本ピア・サポート学会の海外研修は、日本学校教育相談学会が主催してきたものを引き継ぐ形で14回実施してまいりました。日本学校教育相談学会第1回（1997年）の海外研修はロサンゼルスで、ガイダンスに関するものが中心でした。第2回はニューヨーク州公認スクール・サイコロジストのバーンズ亀山静子先生のコーディネイトで、ニューヨーク市における生徒指導・学校教育相談について学ばせていただきました。バーンズ先生出身のニューヨーク市立クイーンズ・カレッジがメインの会場になりました。そのときはピア・サポートに関する話題は中心的なものではありませんでしたが、すでに大学院生が大学1、2年生を対象にピア・サポート活動をしていました。そのことは研修日程の最後のほうで知らされ、短時間でしたが学生のピア・サポーターたちに会い、その活動ぶりの一端に触れることができました。

　翌年1999年3月と2000年3月の海外での研修は、カナダのトレバー・コール先生とデビッド・ブラウン先生をメインの講師として迎え、ピア・サポートを中心に研修を受けました。同じホテルに両先生も滞在され、夜まで質疑応答・議論をしました。

　その後、トレバー・コール先生の紹介で、香港の特別行政区教育省生徒指導部門を2回訪問しました。小中高校の訪問もしましたが、ある中学校の教員との協議の中で、ピア・サポーターが担当教員に頼らず、自分の意見を堂々と述べていたことには感心させられました。またイギリスには3回訪問しました。ロンドン市内の中学校のピア・サポート活動も参観していますが、主たる研修地はロンドン市郊外のカンバーランド・ロッジやギルフォード市のサリー大学（ヘレン・カウイ教授の在籍校）です。

　以上のような海外研修を通じて、これからも学会としても学会員個人としても、トレバー・コール先生やデビッド・ブラウン先生、ブライアン・リー先生、ヘレン・カウイ先生、バーンズ亀山先生方と連絡がとりやすくなっているということに大きな意義があります。私たちが訪問するだけでなく、これらの先生方も日本にこれからも気軽に来ていただけるという人間関係ができていることに幸せを感じます。

　また、もう1つの意義は、このような海外研修の機会を通じて、団員、参加者、学会員同士の絆が強くなったり、お互いに親近感が深まって、共同研究や資料交換・情報交換が活発に行われやすくなったということです。

　最後に、海外研修の成果を日本の学校現場にどう生かすか、どのような手続きで導入するかについては、学校制度の違いを考慮しないと、他の教師の理解も協力も得られなくなります。熱心なあまり独走して職場で浮いてしまっては元も子もないということになります。ピア・サポートは、それぞれ学校の編成した教育課程を効果的に実現するための考え方であり、方法であることを、時間をかけて管理職や同僚に働きかけていく必要があります。

ピア・サポートプログラムを実践する指導者の養成と資格

菱田準子　日本ピア・サポート学会研修委員長　大阪市教育センター総括指導主事

1　ピア・サポート実施のために必要な指導力の育成を支援

　ピア・サポートは、「困ったときに仲間に相談することが最も多い」「子どもの傷つきは子どもの中で癒される」「人は人を支援する中で成長する」という事実や考え方に基づいて、仲間が仲間を支援することを積極的につくりだそうとする活動です。

　東日本を襲った大震災では、「人と人が助け合う」という尊い人間の姿や、「絆」の力で前へ進もうとする姿が、世界中の人々の心を熱くしました。

　ふだん、私たちが目にする子どもたちの中にも、困っている仲間に寄り添い、実に上手にサポートをしている子どもがいます。しかし、昨今、対人関係能力が不足し、他者とつながることに苦戦している子どもたちが多く見られる状況において、積極的に仲間をサポートすることができる「志」と「スキル」を持つ児童生徒、あるいは大人を育成していくことが求められています。

　では、どのようにしてそのような児童生徒、大人を育てていけばよいのでしょうか。日本ピア・サポート学会では、「ピア・サポート・トレーナー養成ワークショップ」(表参照)を実施しています。ピア・サポートの歴史や哲学、そして教育の今日的課題を学ぶとともに、ピア・サポートプログラムの構造に基づいて、トレーニング、プランニング、サポート活動、スーパービジョン(振り返り)の手法や考え方を体験的に学びます。他者を支援するための基本的なコミュニケーションスキルやサポートスキルを体験的に学ぶことができます。

　このワークショップの開催情報は、学会のホームページに掲載しています。ぜひ、このワークショ

ピア・サポート・トレーナー養成ワークショップの内容

ピア・サポート概論
【トレーニング】 ①自己理解・他者理解の方法を学ぶ ②コミュニケーション訓練の方法を学ぶ ③課題解決技法を学ぶ ④対立の解消技法を学ぶ
【プランニング】 サポーターによるサポート活動づくりを学ぶ
【サポート活動】 ①ピア・サポート活動の実際を学ぶ ②マイ・ピア・サポートプログラムを作成する
【スーパービジョン】 危機への対応とスーパービジョンの方法を学ぶ
《プログラムの評価》 検証・評価の意義と方法

ップに参加いただき、ピア・サポートを進めるための基礎基本を学びましょう。

そして、参加者同士のつながりをつくっていきましょう。そのつながりは、これからピア・サポートを実践する皆さんをサポートしてくれる力になるはずです。

2　日本ピア・サポート学会認定資格

現在、日本ピア・サポート学会では、学校におけるピア・サポートの普及・発展をうながし、活用や指導を確かなものとするために、ピア・サポートの資格認定制度を設けています。認定資格は次の3種類があります。

ピア・サポート・トレーナー　ピア・サポーターを養成する指導者

ピア・サポート・トレーナー（略称：ピア・トレーナー）は、学校等でピア・サポーターの養成を行うのに必要な知識と技能のある方への認定資格です。認定の基礎条件は下のとおりです。
①日本ピア・サポート学会に1年以上所属していること。
（当分の間、本学会員になればすぐに資格認定の申請を認めます）
②学校教育相談やカウンセリングに関する研修を24時間以上受講していること。
③ピア・サポートに関する所定の養成講座を受講し修了していること。

ピア・サポート・コーディネーター　ピア・サポート活動を推進する上級の指導者

ピア・サポート・コーディネーター（略称：ピア・コーディネーター）は、学校等でピア・サポートを組織的に展開できる資質・能力を持ち、ピア・サポート・トレーナーの養成が行える方への認定資格です。認定の基礎条件は下のとおりです。
①日本ピア・サポート学会に3年以上所属していること。
②ピア・サポート・トレーナー資格を取得してから3年以上経過していること。
③研修会等でピア・サポートに関する指導経験を有すること。
④学校でのピア・サポートに関する実践発表を2回以上していること。
⑤学校教育相談に関する研究論文を2本以上発表していること。
（うち1本はピア・サポートに関する論文であること）

ピア・サポーター　学会から資格認定された高校生・大学生

本学会のピア・トレーナーやピア・コーディネーターから指導を受けた上で、学校等で実際のピア・サポート活動を行っている大学生や高校生等、本学会の会員ではない学生や生徒を対象に「ピア・サポーター」として認定します。認定の条件は下のとおりです。
①ピア・サポートの精神を持ち、基本的な知識と技能を有すること。
②ピア・サポートの研修と実践が30時間以上あること。
③課題レポートを提出すること。

学会では、資格取得者（ピア・トレーナー、ピア・コーディネーター）を対象にしたフォローアップ研修を実施しています。ピア・サポート・トレーナー養成ワークショップの「ファシリテーター研修」や、全国のピア・サポートを愛する仲間をサポートするための「ピア・メンター研修」も、今後実施していきます。

全国の仲間が集まり、素晴らしい実践を共有し、課題を解決する場に、この本を手にした皆さんがいることを楽しみにしています。（詳細は学会のホームページを参照）

ピア・サポートにかかわる研究の現状と展望

栗原慎二　日本ピア・サポート学会研究紀要委員長　広島大学大学院教授

1　これまでの研究

　日本ピア・サポート学会は『ピア・サポート研究』という学会誌（研究紀要）を発行しています。これは2004年に創刊号を発行し、2011年で第8号になります。掲載される論文の本数は毎年違いますが、第8号までに50本弱の原著論文、実践研究、実践報告、資料が寄せられ、掲載されてきました。そのうちの約半数が実践研究です。

　本学会はメンバーの多くが教師をはじめとする実践家が占めている団体であるため、実践的な関心が高く、そのために、掲載される研究も実践研究や実践に関連の深い研究が非常に多くなっています。このことは本学会の研究紀要の大きな特徴となっています。

2　研究の動向

(1)　実践研究と実践報告

　当初、掲載される研究や報告は、小中高校での、教師による実践に関連したものが多かったのですが、公民館での活動や病院での実践にかかわるもの、あるいは市内全体で取り組んでいるもの、養護教諭による取り組み、スクールカウンセラーによる取り組みなど、多岐にわたるようになってきています。これは、ピア・サポートプログラムの実践の広がりと深まりを反映しているものと思われます。

(2)　評価にかかわる研究

　評価にかかわる研究も、毎号のように掲載されています。評価ツールの開発や効果評価の方法にかかわるもの、実際に行われている教師訓練プログラムのプログラム評価にかかわるもの、また実践研究の評価モデルなどがそれに当たります。

　ピア・サポートは実践そのものですから、実験室での研究とは違って、評価自体が困難です。したがって、どのような方法で、どのようなツールを使って、どのような評価をすればいいのかということは、今後も大きな課題です。ピア・サポートプログラムをより的確に評価するために、この領域の研究は今後も重要だと思われます。

(3)　基礎的な研究と応用的な研究

　周辺領域の基礎的な研究も増えてきています。例えばソーシャルスキルにかかわるものや、情動スキルにかかわるもの、友人関係や自我発達にかかわるものなどです。こうした研究は、ピア・サポートプログラム自体ではないものの、ピア・サポートを学術的にとらえて基礎づける研究であったり、ピア・サポートを応用できる可能性を示唆するものです。

(4) 展望的な論文

　最後に展望的な論文等です。本学会は設立当初から国際的な視野に立って、広く世界のピア・サポートの取り組みに目を向け、海外研修などの取り組みを行ってきました。そうした中で生まれた関係を生かして、学会の記念講演をお願いしたりしてきました。学会誌ではそれらの講演を文字にして掲載してきました。また、それ以外にも展望的な論文も掲載されています。

3　研究紀要委員会としての取り組み

　現場には、「文字にしたら、どれほどすばらしいだろう」と思う、すばらしい事例や実践が山のように存在しています。その点で、本学会の会員の多くを実践家が占めるということは、大きなメリットです。しかし、実践家は論文を書くことを日常業務としてはいない点に難しさもあります。論文執筆のスキルの問題と執筆の時間の問題などは、現実的な課題です。そこで研究紀要委員会は、次のようなことを行っています。

(1) 実践報告を掲載する

　いわゆる実践研究のような形をとらない実践報告であっても、積極的に掲載するようにしています。

(2) 資料についても積極的に掲載する

　これも同様で、会員の多くは実践に役立つ資料を求めています。自分の実践等で役に立った資料等や授業案なども、投稿いただければ積極的に掲載するようにしています。

(3) 事前のアドバイスを行う

　論文や実践報告を書いたことのない会員の皆さんにとって、投稿自体が大きな壁になることは容易に予想できます。そこで研究紀要委員会では、「論文を書こう」あるいは「実践をまとめたい」と考える会員の皆さんに対して、論文の書き方やデータの取り方などについて、事前の相談に応じています。今後は論文の書き方についての研修会なども企画していきたいと思っています。

(4) 投稿論文は採択水準に到達できるように支援する

　投稿された論文については、基本的には採択できる水準に到達するように、繰り返し個別にアドバイス等を行い、支援をしています。

4　2つのお願い

　お願いが2つあります。

　1つは、「『ピア・サポート研究』を活用してください」ということです。そこには実践のヒントが多く詰まっています。

　もう1つは「『ピア・サポート研究』に投稿してください」ということです。それは他の会員に実践のヒントを与え、学術的にサポートすることです。そしてそれは日本ピア・サポート学会を発展させることであり、日本のピア・サポートを発展させることになるからです。

ピア・サポートの実践上の位置づけ

高野利雄 日本ピア・サポート学会副会長　武蔵高校・中学校スクールカウンセラー

「人間は社会的存在である」とは、自己の生存を確保するための弱肉強食的であり、比較や競争を伴って自己実現的でもあります。つまり社会的存在とは、自己のために共生することであり、ここから性善説と性悪説とが混在する人間像が生じてきます。

ピア・サポートでサポーティブなあり方をトレーニングし、実践活動を行うのは、「周囲に対して善くあろうとする自分を持つ」という性善説を前提としながら、実は「他者へのネガティブなかかわりは社会に必ず存在する」という性悪説に立つことになります。

日本を含めた先進諸国では、人権や人格の自覚の高まりとは逆に、高度産業社会で人間疎外や人間関係の寸断が起こっています。子どもたちの世界も、いじめや自殺、虐待といった問題を抱えています。教育におけるピア・サポートは、こうした問題を子どもたち自身で解決させるものとして登場しました。愛を希求する思いが人間本来のものでも、放置していたら芽生えて成長するわけではない時代に我々は生きているのです。

「ピア・サポート活動は仲間として支え合うこと」としたときに、「クラスの子を仲間とは思えない」と言った子がいたという話を聞いたことがあります。クラスは学校が決めた枠ですから、この子の言うことがわからないでもありません。しかし、そういう感じ方で学校生活を過ごしている子どもの気持ちを看過するわけにはいきません。

日本ピア・サポート学会は、カナダ、アメリカ、イギリス、香港、オーストラリア等の教育現場で、同様の問題意識を持って子どもたちに働きかけている実践者と連携し、学び合い、日本のピア・サポートプログラムをつくりあげてきました。

日本のピア・サポートプログラムは、サイコエデュケーションの1つとして注目されていますが、それはトレーニングされるサポーティブなコミュニケーションスキルと問題解決スキル等が、カウンセリング的アプローチに拠っているからです。日本のサイコエデュケーションは、構成的グループエンカウンター、アサーショントレーニング、ソーシャルスキルトレーニング、ユース・コミュニケーションなどによって広く実践されています。よって、それらの人間関係づくりをふまえ、「社会的存在として他者と主体的に共生する自己として、サポーティブな生き方を積極的に打ち出していくのがピア・サポートである」と位置づけるのが好ましいのではないでしょうか。つまり、「自他を理解し、人間関係のスキルを身につけるなど包括的な訓練ののち、主体的選択により周囲の問題を解決しようとする人々を増やす」ことをめざすのです。

その意味では、ピア・サポートはボランティア活動と重なる部分が多いと考えられます。また、実践活動をプランニングし、相談活動、学習支援、シークレットバディ、対立解消、啓発活動等を行っていくことはもちろん、ノーマライゼーションや原発・エネルギー問題など現代の課題について調べ、問題提起することも、仲間が共有する問題や不安に取り組む重要なサポート活動と言えるでしょう。ピア・サポートが持つ可能性は、想像以上に幅広いのです。

日本ピア・サポート学会への入会について

懸川武史　日本ピア・サポート学会事務局長　群馬大学大学院教授

1　入会資格について

　入会資格は特に問いません。ピア・サポートに関心をお持ちの方で、本学会の趣旨にご賛同される方は、どなたでもご入会できます。ぜひご一緒にピア・サポートを学びましょう。入会をお待ちしています。

2　入会手続きについて

①入会をご希望の方は、入会申込書（下記3参照）に必要事項をご記入のうえ、事務局まで郵送かFAX、メールでお送りください。

②入会が認められた方には、事務局から会員番号・入会承諾書が届きます。
　同封された振替用紙により、入会金3,000円・年会費5,000円をお払い込みください。
　なお、平成23年度より、学生会員（院生を含む）は入会金免除・年会費3,000円とします。ただし、院生のうち、現職を持つ院生は、入会金3,000円・年会費5,000円となります。

3　入会申込書（PDFファイル）

　日本ピア・サポート学会ホームページ（http://www.peer-s.jp/）の「入会について」から、入会申込書（PDFファイル）がダウンロードできます。

＊アドレスが変更になっている場合は、ご面倒をおかけしますが「日本ピア・サポート学会」で検索してください。

日本ピア・サポート学会（JPSA）事務局　事務局長　懸川武史

〒371-8510
前橋市荒牧町四丁目2番地　A棟501（懸川研究室）
群馬大学大学院教育学研究科　教職リーダー講座

TEL・FAX　027（220）7372
メールアドレス　peers1@edu.gunma-u.ac.jp

編集後記
「お互いにつながって生きる」こととピア・サポート

　2011年3月11日、東日本大震災における大津波と原子力発電所過酷事故という未曾有の出来事によって、多くのかけがえのない人々のいのちと生活が奪われ、復興に向けた取り組みが続いています。本学会では、研修委員会を中心に、具体的な学校支援プログラムを提供できないか検討し、幼稚園・保育園から高校までを対象とするピア・サポート支援プログラムと、教師支援プログラムを策定し提供してきました（学会ホームページ参照）。

　東日本大震災は、日本国内にとどまらず、人類的な課題を私たちに提起してきました。例えば、これまで利便性や効率性を追求してきた人間のあり方が、地球に大きな負荷をかけてきたのではないかということ。この視点から、持続可能な地球と人類との関係を軸に置きながら、私たちの人生観、世界観、日常生活のあり方を問い直していくことが、求められているのではないでしょうか。

　同時に、日本国内にとどまらず、世界的な支援の輪が広がっているという事実は、深刻な危機にあっても人々は、人間、自然、文化と「お互いにつながって生きる」ことによって励まし合い、復興と未来創造を成し遂げていくという姿を示しているのではないでしょうか。そのつながりは、家族、友人、地域から、国内、世界に広がっています。つながって生きていると実感できることは、支援を行う側と受ける側の立場を超えて、お互いの出会いと存在が、生きる励みになるような関係になっているということです。

　「お互いにつながって生きる」ことは、日本ピア・サポート研究会から日本ピア・サポート学会へと引きつがれ、この10年間私たちが大切にしてきたことでもあります。その間、毎年行ってきたアメリカ、カナダ、イギリス、香港などへのピア・サポートやスクールカウンセリングの海外研修を通して、海外におけるピア・サポートの実践、研究を学んできました。

　同時に、条件が異なる日本の学校や地域で、ピア・サポートをどのように展開していけるのか、試行錯誤の10年間でもありました。ピア・サポーターを養成するための「ピア・トレーナー」、ピア・トレーナーを養成するための「ピア・コーディネーター」という資格認定制度も設けてきました。その間、会員の皆さんの地道で真摯な取り組みによって、ピア・サポートの実践、研究は蓄積され、裾野を広げてきました。今回、学会創設10周年を機に、日本におけるこれまでのピア・サポート実践をまとめ、本書『やってみよう！ ピア・サポート』を発刊することができました。小学校から大学、教育行政、地域にいたる様々な現場で、実践を展開される際に生かしていただければと願っています。

　本書は、温かいメッセージを寄せていただいた海外の先生方、実践報告やコラムを寄せていただいた皆さん、実践報告へのコメントを書いていただいた皆さん、そして、ほんの森出版の皆さん方のご尽力で発刊することができました。心から感謝申し上げます。

2011年9月

　　　　　　　　　日本ピア・サポート学会研究調査委員長　立命館大学教授　**春日井 敏之**

執筆者一覧

【編著者】

春日井　敏之（かすがい　としゆき）

　立命館大学法学部卒、大阪教育大学大学院教育学研究科修士課程修了。京都府公立中学校教諭を経て現在、立命館大学文学部教授（臨床教育学、教育相談論）。日本ピア・サポート学会研究調査委員長、日本学校教育相談学会京都府支部理事長。学校心理士、学校カウンセラー、認定カウンセラー・認定スーパーバイザー、上級教育カウンセラー。

　【主な著作】『思春期のゆらぎと不登校支援』ミネルヴァ書房、『よくわかる教育相談』（共編著）ミネルヴァ書房、『希望としての教育』三学出版、『不登校支援ネットワーク』（共編著）かもがわ出版、ほか多数

西山　久子（にしやま　ひさこ）

　カリフォルニア州立大学カウンセリング修士課程修了、兵庫教育大学大学院連合学校教育実践学専攻修了、博士（学校教育学）。岡山学芸館高校専任スクールカウンセラー等を経て、現在は福岡教育大学大学院教育学研究科教職実践講座生徒指導・教育相談リーダーコース准教授。日本ピア・サポート学会国際交流委員長。学校心理士、臨床心理士、カリフォルニア州公認スクールカウンセラー。主な実践研究領域は、教育相談、校内体制づくりやリーダーシップ、キャリア教育。

　【主な著作】『よくわかる生徒指導・キャリア教育』（分担執筆）ミネルヴァ書房、『現代のエスプリ502号』（分担執筆）ぎょうせい、ほか多数。

森川　澄男（もりかわ　すみお）

　早稲田大学教育学部卒。群馬県公立高校教諭、群馬県教育センター指導主事・教育相談課長を経て、群馬県立あさひ養護学校長を歴任。現在、育英短期大学教授。群馬県スクールカウンセラー・スーパーバイザー（臨床心理士）、日本ピア・サポート学会会長。日本カウンセリング学会認定カウンセラー・認定スーパーバイザー、学校カウンセラー。

　【主な著作】『現代のエスプリ502号　ピア・サポート』（編集）ぎょうせい、『現代のエスプリ別冊　臨床心理士によるスクールカウンセラー－実際と展望』（分担執筆）至文堂、『学校でのピア・サポートのすべて』（編著）ほんの森出版、ほか多数

栗原　慎二（くりはら　しんじ）

　埼玉大学大学院文化科学研究科修士課程修了、兵庫教育大学大学院学校教育研究科修士課程修了。学校教育学博士。埼玉県立高校教諭を経て、現在、広島大学大学院教育学研究科附属教育実践総合センター教授。日本ピア・サポート学会研究紀要委員長、日本学校教育相談学会研修委員。

　【主な著作】『アセスの使い方・活かし方』（編著）ほんの森出版、『児童・生徒のための学校環境適応ガイドブック』（編著）協同出版、『ブリーフセラピーを生かした学校カウンセリングの実際』ほんの森出版、『新しい学校教育相談の在り方と進め方』ほんの森出版、ほか多数

高野　利雄（たかの　としお）

　立教大学文学部卒。フェリス女学院、立教中学校教諭、上智大学カウンセリング研究所講師を経て、現在は武蔵高校・中学校と宝仙学園理数インターのスクールカウンセラー。日本学校教育相談学会東京支部理事、東京私学教育研究所学校教育相談研究会委員、日本ピア・サポート学会副会長、サポーティヴコム代表。学校心理士、学校カウンセラー、認定カウンセラー、上級教育カウンセラー、教師学上級インストラクター、ユース・コミュニケーション講座インストラクター。

　【主な著作】『「福祉とボランティア」の授業のすすめ方』筒井書房、『先生のためのやさしい教師学による対応法』ほんの森出版、ほか多数

【実践 執筆者】
三田　恵子　　大阪府堺市立御池台小学校教諭
三原　正司　　広島県福山市立緑丘小学校教諭
高橋　哲也　　広島市立翠町中学校教諭
林　　剛史　　大阪市立淡路中学校教諭
萬田久美子　　大阪府立芦間高校教諭
近藤　充代　　愛知県立豊橋工業高校養護教諭
早川　亮馬　　関西大学 学生サービス事務局 学生生活支援グループ
春日井敏之　　立命館大学教授
池本しおり　　岡山県立岡山朝日高校教諭
竹内　和雄　　大阪府寝屋川市教育委員会指導主事
伊藤　洋子　　東京都区立小学校相談員
森川　澄男　　育英短期大学教授
中原　國子　　桐生大学非常勤講師

【コラム 執筆者】
高橋　宏一　　山形県山辺町立大寺小学校教諭
三枝由佳里　　大阪市立海老江東小学校教頭
久保田みどり　長野県飯田市立高陵中学校教諭
井上　重美　　北海道旭川市立明星中学校教諭
小林　勝則　　北海道網走市立第二中学校校長
川畑　惠子　　奈良教育大学附属中学校教諭
島田　直子　　富山県砺波市立庄川小学校養護教諭（執筆当時）
瀬戸　隆博　　クラーク記念国際高等学校 所沢キャンパス長
大西　由美　　岡山県立岡山朝日高校教諭
西山　久子　　福岡教育大学大学院教授
増田　梨花　　金沢工業大学心理科学研究科臨床心理学専攻教授
池　　雅之　　高知工科大学准教授
市川　　諭　　スクールカウンセラー
中原　國子　　桐生大学非常勤講師
本多　利子　　スクールカウンセラー
神谷　文子　　岐阜聖徳学園大学学生相談室
根本忠典　小田島早苗　菊地俊一　太田耕平　札幌太田病院内観療法課
大竹　孝光　　町田市公民館障害者青年学級指導員
霍田　丸子　　藤沢市小中学校スクールカウンセラー

【コメント・第7章 執筆者】
梅川　康治　　大阪府堺市教育センター教育相談グループ長（指導主事）
栗原　慎二　　広島大学大学院教授
春日井敏之　　立命館大学教授
菱田　準子　　大阪市教育センター総括指導主事
西山　久子　　福岡教育大学大学院教授
森川　澄男　　育英短期大学教授
中村孝太郎　　財団法人田中教育研究所所員
池島　徳大　　奈良教育大学大学院教授
高野　利雄　　武蔵高校・中学校スクールカウンセラー
懸川　武史　　群馬大学大学院教授

やってみよう！ ピア・サポート
ひと目でポイントがわかるピア・サポート実践集

2011年10月8日　第1版　発行

企　画	日本ピア・サポート学会
編　著	春日井敏之　西山久子
	森川澄男　栗原慎二
	高野利雄
発行者	兼弘陽子
発行所	ほんの森出版株式会社

〒145-0062　東京都大田区北千束 3-16-11
Tel 03-5754-3346　Fax 03-5918-8146
http://www.honnomori.co.jp

印刷・製本所　研友社印刷株式会社

© The Japan Peer Support Association 2011　　ISBN978-4-938874-80-3 C3037
落丁・乱丁はお取り替えします